अभिलाषा

निताई सोम

BlueRose ONE.com
Stories Matter
NewDelhi • London

BLUEROSE PUBLISHERS
India | U.K.

Copyright © Nitai Shome 2024

All rights reserved by author. No part of this publication may be reproduced, stored in a retrieval system or transmitted in any form or by any means, electronic, mechanical, photocopying, recording or otherwise, without the prior permission of the author. Although every precaution has been taken to verify the accuracy of the information contained herein, the publisher assumes no responsibility for any errors or omissions. No liability is assumed for damages that may result from the use of information contained within.

BlueRose Publishers takes no responsibility for any damages, losses, or liabilities that may arise from the use or misuse of the information, products, or services provided in this publication.

For permissions requests or inquiries regarding this publication, please contact:

BLUEROSE PUBLISHERS
www.BlueRoseONE.com
info@bluerosepublishers.com
+91 8882 898 898
+4407342408967

ISBN: 978-93-6452-725-5

Cover Design: Sadhna Kumari
Typesetting: Pooja Sharma

First Edition: July 2024

भुमिका

ये किताब बस कुछ शब्दों का सम्हार नही...

इस किताब में आपको कुछ '' सवाल '' मिलेंगे... मानवता के अस्तित्व को लेकर और जीवन के उद्देश्यों को लेकर।

ये किताब एक आईना है ... जिसमे समाज के असली रूप को दर्शाने का प्रयास किया गया है जो आम तौर से दिखाई नही देता।

ये किताब उन सब साधारण, मामुली लोगों के लिए है, जिन्हे एक दिन, समाज ने कोयला समझ कर, कचरे के ढेर में, दरकिनार कर दिया था... लेकिन वो फिर भी सपने देखा और... प्रबल इच्छा-शक्ति के बदौलत कुछ समय के बाद, फिर से उठ खड़ा हुआ और चमकने लगा एक नायाब सा कोहिनूर बनकर।

" ख्वाब देखना...गुनाह है क्या ... ?

सपने संजोना....गुनाह है क्या ... ?

अगर ये...गुनाह है...तो हाँ...

ये गुनाह मैनें किया है...

अगणित तारे गिनते-गिनते...मैनें...

असंख्य जहरों को पिया है। ''

ये किताब एक थप्पड़ है हुकूमत के उन नुमाइंदों के लिए जो दौलत या शोहरत के लालच में, आए दिन... गरीबी, शिक्षा और धर्म को लेकर राजनीति कर रहें हैं।

ये किताब है समाज के उन सब सफल व्यक्तियों के लिए... जिन्हे जीते जी और कुछ योगदान देना है एक स्वस्थ एवं सुखी समाज बनाने के खातिर।

ये किताब इस विशाल ब्रह्मांड के आगे इंसान को अपने औकात, सामर्थ और वजूद से रू-बरू करवाने का एक प्रयास भी है।

और अंत में... ये किताब एक पीपल के पेड़ जैसा... जिसके ठण्डी छाव के तले, भरी दोपहरी में आपको आपार शांति का अनुभव होगा।

आशा करते हैं, मेरा ये प्रयास आप लोगों को अच्छा लगेगा...

धन्यवाद....

अनुक्रमणिका

अस्थिरता 1

लकड़ी की कहानी 3

यादों का बागीचा 5

मखमली प्यास 9

रुहानी इश्क 13

खाना खजाना 15

गुनाह 18

शोर और सन्नाटा 22

वो..मैं नहीं.. 27

कैसे बताऊँ ? 31

संघर्ष 36

कुछ बात है दूजा 40

ॐ नमः शिवाय 45

कलम 48

एक अनेक 51

आज नहीं 54

पंखुड़ी 57

तूर कल्लेयां 60

अपूर्ण	63
विपरीत	66
धर्म	69
उन दिनों की बात	72
वो सब कुछ है याद...	75
ऊसुल	79
इन्साफ	85
मेरा पता ना पूछो	90
कितना मजबुर	94
आजादी	97
सलिल	100
उलझन	103
लापाता	108
पिंजर	111
धुंए का आसमान	116
प्रीत की परिभाषा	122
याद पिया की, खूब सताए	125
हिमालय	130
लानत है...	134
नदी हैं हम, हमें बहना होगा	139
सवालों की हथकड़ियां	145

बिन पते का एक बंद लिफ़ाफ़ा 151

इत्तेफ़ाक से….. 154

तितली रानी 158

दिल का झरोखा 161

अस्थिरता

तुझे पाना….. मेरी आखरी मंजिल
हो नहीं सकता
समंदर का अंत कभी साहिल
हो नहीं हो सकता
जीवन के भाग-दौड़ में....
जब रुकू मैं एक पल... तब सोचुं...
इस ब्रह्मांड में तो, कोई भी चीज...
" स्थिर " ... हो नहीं सकता।

चंचलता का नाम है जीवन
घूम रही हैं... हमारी ये धरती
हम भी पागल, देखें, चाँद और सूरज
चक्कर हमारी लगाती।

देखो कैसे धड़क रहा दिल
अस्थिर रक्त प्रवाहें
वो देखो... वो मौत खड़ी है
पसार के अपनी बाहें।

देखो कैसे मचल रही है
अरमानो की आंधी...
देखो...आशाओ की गठरी लेकर
जनता कैसे भागी।

अस्थिरता को स्वीकार सके जो
वही केवल स्थिर है
जीवन तरंगों में हिचकोले खातें
बाकी सब कुछ...अस्थिर हैं।

****

लकड़ी की कहानी

सहारा देने तुम चले हो उसको...
जिसको... बचपन से ही तैरना आता,
लहरों के साथ दोस्ती हैं उसकी
एक लकड़ी की ये, जीवन गाथा ।

लकड़ी हमारे घर को बनाते
बिस्तर बनके हमें सुलाते
बुढ़हापे का सहारा... है ये
मरने पर भी, हमें जलाता है ये ।

चाहे जितना भी तुम तोड़ो, मरोड़ो...
प्रकृति उसकी वैसी ही रहेगी,
आग लगाओ तो, खुद ही जलेगी,
पर... रौशनी को ना, खरोच लगेगी ।

लिखकर लेलो...
इसे डुबाने की लाख कोशिशे
व्यर्थ... ही जाएगी तुम्हारी
डुबकिया लेकर वो फिर से दिखेगा
उसको... आती है जो गोता-खोरी ।

इससे बेहतर...
तुम एक नाव बना लो
ऐ... बच्चें नादान
लहरो के साथ, ये ले जाएगा तुमको
कर हर मुश्किल आसान।

****

यादों का बागीचा

आज की सुबह...,
और सब दिनो की तरह ही हैं,
सूरज की हल्की सी मुस्कान,
मेरे घर तक पहूँच रही है...
और...ठंडी-ठंडी सी
नरम हवाएं चल रही है।
जैसे सारी वादियों को... एक सपनों सी...
चादर ओढ़ रही है।

लेकिन... ओस से नहलाये,
इन चाय की पत्तियों को
ये हवाएं... बिल्कुल पसंद नहीं,
जैसे की... उन्हें ठंड लग रही है ...
जैसे... कांपते हुए इन पत्तियों को भी इंतज़ार
थोड़ी सी गर्माहट की।

ठीक जैसे मुझको भी है इंतजार
काँपते हुए तेरी होठों की सरसराहट
और तेरी लम्बे, घने काले...
बालों का नरम बिस्तर।

ये रविवार वाला सुबह भी अजीब होता है,
कुछ ढंग का काम भी नहीं रहता है
और दिनों की तरह...
लेकिन कमबख्त नींद भी ना जाने क्यू...
मुझसे रूठा रहता है।

कया ये तेरी यादें हैं जो खीच कर मुझे
दुर... कोई वादियों में, ले जा रही है ?
जहां दुर दुर तक...,
छोटे छोटे चाय की
कच्ची-पत्तियों का...,
सैलाब उठा हुआ है।

बागीचे के एकदम बीचों- बीच,
एक बड़ा सा पेड़...
जिसमे पीले रंग के फूलों का
मेला लगा हुआ है,
तुम...बड़े ही बेदर्दी से... जिनको...
एक एक कर...
तोड़े जा रही हो।

लेकिन... मुझे ऐसा क्यों लग रहा है...
की वो पीले पीले खुशबू
तुम्हारे छोटे-छोटे नरम हाथों के स्पर्श से
बड़े ही... खुश हुए जा रहे है।

तुम्हारे नहाने के बाद...हल्का भीगा सा बदन
बालों से लिपटे हुए हज़ारों मोतियां,
और तुम्हारी सफ़ेद सलवार...
इन सब को... छुने का अधिकार...
तो बस...
मुझे ही है ना...?
बोलो...?

ये फुल...ये पत्ते...ये वादियां...
ये सर्द नर्म हवाएं...
ये हल्की सी धूप...
इन सबको तुम...
क्युं इतना चढ़हाती हो...
मुझे आज तक... समझ नहीं आया।

तुम जान बुझ के... ऐसा करती हो ना...
बस... मुझे चिढ़हाने के लिए...?
जब कि... तुमको भी पता है...कि...
इन सब से मुझे... ईर्ष्या होती है।

आज तुम मेरे पास नहीं...मगर...
तुम्हारी यादों को समेटा हुआ...मेरा ये शरीर...
आज... दूसरे किसी... ख़ुशबू की
गिरफ़्त में...बंधा हुआ है।

और उस तरफ... तुम भी...
किसी दुसरे के... बाहों के घेरे में...
समायी हुई हो।

ये समाज की हजारो पाबंदियां...
मुझे तुमको एक बार...सिर्फ एक बार...
छूने की अनुमती तो नहीं देती...

मगर...ये मेरे यादें...
अगर तुम्हारी मन को छू जाए...
मेरे गरम सांसे... अगर...
तुम्हारी... पलको पे जा गिरे...
मेरे हाथों की रेखाएँ... अगर
तुम्हारी...बालों से खेल जाएँ...
तो मेरे सपनों में आके...
मेरे कानों में...
आहिस्ते से...
जरूर बता कर जाना...
कि तुम... जहाँ भी हो...
खुश हो...सुखी हो।

तुम्हारा... सिर्फ तुम्हारा... निताई।

****

मखमली प्यास

कोरे कागज के दो चार पन्ने...और...
हसरतों के अक्षर, नन्हे-नन्हे
सांसो से धड़कन...जैसे बांध ली जोड़ी
रेशम-मुलायम एक प्रीत की डोरी।

रहे न। मतलब या मजबूरी
शहद सी मीठी, सहज मंज़ूरी
लम्हों में चहकती...चंचल
किसी खास को देखुं....
अंकुर सी पनपती...मुलायम...
एक एहसास को देखुं।

रंगो की शरबत... तुझमें झूमे
घुले जो मुझमें किसी बहाने
सपनों की सिलवट करे छेड़खानी
हकीकत या तुम, कोई कहानी ?

बेचैन दिन हैं, रातें गहरी
ख्वाबों ने फैली... पंख सुनेहरी
यादें तेरी...मीठी मलाई के जैसी
बजे जो खन-खन...तेरी कलाई के जैसी।

भीनी सी खुशबू, जन्नत की कलियाँ
ऩटखट बदमाश, तेरी झूमर बालिया
लरजते होंठो की, चुभन अनकही
बहे दिलों में, कोई तरंग सुरमई।

रात की नशीली परछाई से लिपट के
आती हो हर-रोज़.. तकीये में सिमट के
पल्को की सरसराहट सब सूनी सुनाई
रातों में इश्क... , खेत...करे सिचाई।

सीने में दहकते कितने सोले
तरसते जुबान भी, कुछ ना बोले
गुमसुम सांसे, धड़कन चुप हैं
इंद्र-धनुष धूप, अंजान सुख हैं।

मचलते फरियादों की
उम्मीद अनगिनत
ख़रीद लू उसे मैं
चाहे जो हो कीमत...

लुटा कर खुदको, सिर्फ
तुझे है पाना
तुझ-ही से मोहब्बत, और...
तुझ-ही से जमाना।

शराबी निगाहों की अल्फ़ाज़ फरेबी
कटीली बदन, ना झुके जरा भी
शैतान शख्सियत अब करे इशारा,...पर...
आलीशान... हैसियत ने, पत्थर मारा।

मुसीबत ये मुझसे...तनिक न संभले
बरसात तू मुझमें...ठहर ज़रा सा
महबूब तू मेरे...पास सवर ले
जुल्फो ये तेरी...कोई
शहर... भवर सा।

शहद सी बोली, बस तेज़ाब... तू बिखेरे
ईतर के जैसी कोई सुगंध तू छिड़के
ज़ालिम यौवन...अब नींद न आये
कातिल अदायें...बस जान ले जाये।

पिघलते शाम... सूरज की लाली
गगन है रक्तिम...सुर्ख सिंदुरी
महक-लो प्रिया तुम...हृदय में मेरे...
बनकर खास...मृग-कस्तूरी।

सबूरी स्वर से... भरी जलाशाय
कोंकण सांझा किंकिणी बाजे
प्रेम पुष्प सब... तुम-पर अर्पित
मंज़र माझा, मंदिर माझे।

पेड़ से जुदा... किसी शाख की तरह...
तुझ बिन मेरा...वज़ूद कोई ना
भष्म सा फिका...किसी राख की तरह
बेरंग हु बस...और सबूत कोई ना।

****

रुहानी इश्क

वक़्त के दायरे से दुर...ऐसी कोई जगह
मिलो तुम मुझे...
जहां बैठा ना हो छुपके...कोई गुनाह बेवजह
मिलो तुम मुझे।

ईट पत्थर से बनी महल हो
या... पाबंदियों के दीवार
सर टकराए जहां पे कुछ
हुकुम के पहरेदार...

नज़र से उनके,छुपते छुपाते
रात की नशिली...नींदों में समा के
एक शम्मा...बनके तुम आना...

चांदनी रातो की...उमंग से लिपटी
सर्द शीतल सी लहरों से बचके
कोई बेगाना...बनके तुम आना।

पायल से झंकार उतारकर
तुम...खामोशी से कहना
सांसो की सरगोशी में फिर
मुझमें, सिमट के रहना।

सिर्फ तुम ही तुम हो चारो ओर
कोई दूजा ना सुन पाये
रंग बिरंगे कलियों के रस में
चलो...फ़िर से मासूम हो जाये।

बातों की तलफ़्फ़ुज़ से...काफ़ी दूर
जिस्मानी चाहतो से परे
बंदिशो की सारी हदो को लांघ
आओ...मोतीयों सा निखरे।

इश्क कि दरिया में...पागल दो धार
बे-परवाह तर-तेज हो जाये,
कभी उस मे उतर के
तो कभी, मुझ मे बिखर के
हम दोनो... रंग रेज़ हो जाये।

शून्य और शतको के संगम में
तुम शाम सुहागन सा हो गहना
आखिरी सांसो की... मेरे अंतिम बिंदु
तुम...निंदों में... नदी सा बहना।

यादों की अंजुमन में फिर तुम
खुदको गुम कर लेना
तसव्वुर की प्यारी...मीठी धुन मैं
बस... मेरा हो कर रहना।

****

खाना खजाना

दिल का मोहल्ला खाली पड़ा है... तो
गम का दिया क्यों इसे सताए
नवाबों-जायके...देखो सुलग रही हैं
दावत-ए-जश्न...जैसे खुदा बुलायें।

सुबह की धूप और चाय कि कुल्हड़
अनोखा है ये नाता
हींग की कचौड़ी और गरम जलेबी
किस-से करें समझोता ?

बटर में उछलते ब्रेड को देखो
ऑमलेट के साथ कैसे रिश्ता जोड़ी
पनीर पराठा और कुलचे छोले
उमड़ पड़ी भीड़...संग किलकारी।

आलू की टिकिया संग चने का चाट
इमली की चटनी ने किया आघात
गोलगप्पे की फुलके जब ली अंगड़ाई
रंगो की शरबत... तब चक्कर खायी।

लिट्टी संग तीखे आलू का चोखा
बरसो के बाद ऐसा मिला है मौका
प्लेट मे सुनहरा गरम समोसा
धनिया की चटनी ने दिया भरोसा ।

देशी घी में दाल का तड़का
देगी मिर्च से अंग अंग भड़का
पियाज टमाटर जब रसोई मे छाई
बज गई देखो सुर शहनाई ।

चूल्हे पे जलती धीमी आंच पर
कही पक रही स्वादिष्ट खिचड़ी
ज़रा मिला दो मटन कीमा और
तेल में छन रही गरम पकौड़ी ।

आमावट और ये खजुर की जोड़ी
चटनी बिना जैसे प्लेट अधुरी
दो चार पापड़ साथ चला है
खीर की कटोरी, किसे मिला है ?

चिकन पकौड़ा और बटर मसाला
अफगानी मुर्ग मुसल्लम
हरियाली कबाब लज्जत दिलाये
तंदूर दिलाए आनंद ।

बिरयानी की जब प्लेट सजी तो
ख़ुशबू की एक लहर सी उठ्ठी
रेशमी पुलाव और चिकन चिल्ली तब
महफ़िल में सबको लिख दी चिठ्ठी।

मिठाई की जब बात मैं छेड़ुं
रसमलाई को रख-दुं सबसे आगे
रसगुल्ला और गुलाब जामुन
जैसे थोड़ा धीरे भागे।

सोनपापड़ी की रेशे... प्यार से बोली
उलझन तो है... जीवन के अंग
पान की पत्ती याद दिलाये
केशरिया मौसम के रंग।

निवालो मे तुम... कोई धर्म ना ढूंढो
भूख में कोई... भेद नहीं है
सीमाओं का मतलब...सिर्फ... संघर्ष ना समझो
गर...दिल मैं तुम्हारे... छेद नहीं है।

****

गुनाह

ख्वाब देखना गुनाह है क्या ?
सपने संजोना गुनाह हैं क्या ?
अगर ये गुनाह है... तो हाँ...
ये गुनाह मैंने किया है,
अगणित तारे गिनते गिनते... मैंने
असंख्य जहरों को पिया हैं।

ओस से मुलायम सब
कोमल सपने
चुने जो मैने...
बरसो से
डर है कहीं...ये
खो ना जाए...
ज़ालिम सूरज की
नज़रों से।

सुबह की लाली...
क्या खुब निराली
पंछी...तिनके
जोड़ रही
हिलमिल सारे...

संगीत सुनाकर
रातों की सिलवट,
तोड़ रही।

खाली प्लेट से
भरा खजाना
मैली शर्ट और
सीला पजामा
पाकेट भारी...
चिल्लर खनकती
मुझसे...मैं...
कुछ कहती जाती...

बस थोड़ी देर और...
सबर तू रख...
अब...दुर नहीं भोर...
खबर तु रख।

जिंदा हैं हम...
क्या ये कुछ कम है ?
भुखमरी की चपेट...
तो फिलहाल
आँखे नम है।

नयना नदियाँ...
मेरे एक ना माने
गालो से बह जाये...
कुछ और बहाने
जीवन के उमंग...
देखो...बेहोश है कैसे
लकीरें...अक्सर...
एहशान फरामोश है जैसे।

बस हौसलों पर अटकी...
यह हस्ती मेरी
खरे कसौटी पर टिकी...
यह कश्ती मेरी
अँधेरी गलियाँ...
कहीं भटक ना जाऊ
दीवारें ऊंची...
कहीं अटक ना जांऊ।

किस्से कहानियां...
तो खुब सुनी है
दर्द के उस पार...
महल हैं ऊंची
खुद को एक बार...
फिर से झोका
करके अपनी
नजर को नीची।

नसों की हुंकार...
संभाले न संभले
वक्त की रेत...कहीं
फिसल ना जाये
रक्त कोशिकाएं...मेरे
शख्त ललाट पे
संघर्ष के फिर...
जाल बिछाय।

अब कोई नहीं है...
रिश्ते नाते
विरानी ही विरानी...
दुर तलक
बस चलते चलो...
मंजिल को राही
चुनौती दे...
चाहे ये सड़क।

दौलत सारी...
हाथों की धुल है बस
शान-ओ शौकत...
समझ का भुल है बस,
आंसू से साफ...
कोई पानी नहीं है
जीवन से बढ़ कर...
कोई...कहानी नही है।

****

शोर और सन्नाटा

शोर ने कहा सन्नाटों... से
चुप रहो....
इतने देर बाद जो आये हो...
चुप रहो....
स्वागत है तुमको...
आँधियों के बाद
स्वागत है तुमको...सारी...
बर्बादियों के बाद।

मैं था वहां....
जब विश्वास... छल रही थी,
मैं था वहां...
जब योजनाएँ... पल रही थी,
मैं था वहां....
जब सिर्फ सांसे... चल रही थी,
मैं था वहां....
जब जिंदा लाशे... जल रही थी।

युद्ध की ललकारो में...
मैं था
भीषण सब हथियारों में...

मैं था

मैं था... सीख सहारो में
मैं था... चीख पुकारो में।

मैं था....
हुकूमत के दास्तानों में
कुछ, सियासत के शैतानों में
महफ़िल में...मयखानों में
तक़दीरों के तैखानों में।

कभी सवालो की सरगोशी में
तो कभी दलालो की मदहोशी में
गुम्बज में... मीनारों में
मैं था... चार दीवारो में।

आशिको के अफसानो में
शराबों के पयमानो में
बेबस बेजुबानों में
मशालो में... मशानों में।

इसे मैं...वक्त की हेराफेरी कहु
या... कहु कुछ और...
चिरागो में छुपी चिंगारी कहु
या... कहु कुछ और...

बात तो... वही का वही रहेगा
बुज़दिल...तुझे आज से ज़माना...
भगोड़ा कहेगा।

अब सन्नाटा बोली.....

मैं विचार तो हूँ...
मगर ध्वनि नहीं हूँ...
मैं प्यार तो हूँ...
मगर प्रेमी नहीं हूँ।

झूठ सच में...
अंतर ना जाने
शोर...तू बिके रोज़
बाज़ारों में
मैं भी देखती और
जड़ती जाती
समाजो के दरारो में।

जो तुमने देखा...वो बस....
आँखो का धोखा था...
विराट का बस...
शुरुवात है ये,
अतीत को लेकर...
सोच मत इतना...
कर्मो का बस...
अघात है ये।

आंसू से सच्ची पानी नहीं है
इतिहास से अच्छी कहानी नहीं है
भूख की कोई हुंकार नहीं है
सुख की तिलस्मी तलवार नहीं है।

सन्नाटा सफेद कागज़ जैसा
एक विरानी उसमे बसती है
सृष्टि ने जब रंग उड़ाया
तो... जवानी उसमे हसती है।

सृष्टि का कोई शोर नहीं है
धीरे-धीरे ये बढ़ते जाते
ठीक एक ऊंचे पेड़ की तरह,

मगर जब...

नए सिरे से सृजन होना हो
बिध्वंस के बादल मंडराते
साहिल से मिलते समंदर की तरह।

ख़ून के रिश्ते...
सारे झूठ तू बोले
बंधन ये जीवन के...
मन को टटोले
सृष्टि से पहले जैसे...
विनाश ज़रूरी
चीख के ऊपर... वैसे ही...
चुप्पी भारी।

निवालों में छुपा हुआ . . .
नमक हूं मैं।
रोशनी में छुपा हुआ. . .
चमक हु मैं।
ब्रह्माण्ड का ओमकार हूँ मैं ...
सृष्टि का जयकार हु मैं॥

****

वो..मैं नहीं..

वो.. जो... वहाँ
बैठा हुआ, एक शख्स है
वो... मैं... नहीं।

अंतरद्वन्द से जूझती
कभी फैलती... तो..कभी सिकुड़ती
तुम्हारा वहम... या फिर...कोई नक्श है,
पर... वो... मैं... नहीं।

बाहर से देखो...
तो... हसता बोलता...गीत गाता... एक...
सुंदर सा चेहरा
कभी शांत तो, कभी शीतल
सर पर लाखों...लक्ष्य का सेहरा।

पर अन्दर में झांको...
तो... कुछ बात है दुजा
बिखरा है सब कुछ,
कोई जज़्बात ना सुझा...

तड़पते अरमानों की कड़वी...
शोर में शराबोर...
बिगड़ते हालतों की...भारी...
भीड़ मैं प्रतिबद्ध...
दृढ़-संकल्प... अक्स कोई एक चलता फिरे
रौशन बनावटी... समझ से प्रतिकुल
खुदा-बख्श कोई एक... मचलता फिरे।

सर्द हवा के थपेड़े में...जमी हुई
कोई बर्फ का गोला
अंजान अभिव्यक्ति-के...प्रचंड प्रवाह...
कभी शबनम तो कभी वो शोला
ज्वाला सी दुल्हन... तैयार खड़ी है
काजल सी लिपटी... कुछ श्रंगार पड़ी है
हाव भाव मे कदाचित... निराकार निर्भीक
मगर... अस्तीन में जैसे...औज़ार ज़ड़ी है।

रूह... ना समझे
इस खोखले जिस्म की जरुरत
भ्रम... से बंधे
इंसानी चाहतों की हुकूमत
संभावना-ए मलिन,
संस्कार...है... चिंतित
धर्म की धुन्ध में
अवतार...हैं... लंछित।

बाहर में छम-छम

बारिश के धुन

अंदर में तूफ़ान

जंगी आहट को सुन

व्याकुल हृदय...सौ दीप जलाएं

प्रयास निरंतर...पर लौ...बुझ ना पाएं।

इसलिए... मेरी मौजुदगी...ना तलाशो तुम

अस्थिर...हक़ीक़त के हयवानों में

ना... नसीहत के नज़रानों में

ना... मुसीबत के मयखानों में

या...फिर...

शहादत के शमशानों में।

परमाणु से भी सुक्षम...और प्रकृति से भी विराट...

ये... प्रदुषण का परत...

ये...कभी विषम तो कभी सपाट

कभी ओषम तो कभी जमाट

कभी सहज तो कभी जटिल...और...

कभी सरल तो कभी कुटिल।

इसलिए...जरा गौर... से देखो...

वो... जो... वहां...

बैठा हुआ...एक शख्स है...

वो... मैं... नहीं।

मैं...

मैं... तो एक " विचार " हूँ...
जो... पानी बनके कभी प्यास बुझाएं
तो कहानी बनके कभी आश जगाए
सांस बनके तुम्हें जीना सिखा दे...और
अविनाश बनके जहर पीना सीखा दे।

मैं...

मैं... तो एक " प्रकाश " हूँ....
गिरफ़्तार ना मुझको तुम कर पाओगे...
अंत-विलिन...एक अमृत की धारा...
रफतार है ऐसी...ना पकड़ पाओगे।

व्यर्थ उपलब्धी और विषय के संघर्ष
अश्क बहाएं अंतर्मन में
बोले...ये राज-पाठ...ना चिरंतन शाश्र्वत
मिथ्या... ये सिलवट...जो सवर पाओगे।

कलकल बहते मेरे अभिनव चिंतन
जो...स्वरूप बदल के कुछ धुल उड़ाए
स्वतंत्र सैनिक जो अवसर को तलाशे
कुछ...संकेत बनके...तुम्हें जीना सिखाये।

इसलिए...वो...जो...वहां...
बैठा हुआ...एक शख्स है...
वो... मैं... नहीं।

****

कैसे बताऊँ ?

तुम जैसा समझ रही हो
वैसा... यहां कुछ भी नहीं
पर कैसे बताऊं ?
मैं खुश नहीं हूँ
पर... अपने ही जुबान से, ये जज्बात
मैं कैसे बताऊं ?

परदे के पीछे... कुछ परेशानी हैं
पर कैसे बताऊं ?
ये घाव बे...हद अंदरुनी हैं
पर कैसे बताऊ ?

कुछ दिक्कते बेशुमार सहनी हैं
पर कैसे बताऊ ?
कुछ अलफाजे तलबगार कहनी है
पर कैसे बताऊ ?

खुन तो अब तक दिखा नहीं
कतल तो अब तक हुआ नहीं
गंध तो अबतक मचा नहीं
तो जुर्म-ए-गुनहगार, मैं किसे कहूँ ?
तुम ही कहो...

वकील...हवलदार...अदब के जानकार
अभी...तक मिला नहीं
तो...हाल- ए- इकरार...मैं किसे करूँ ?
तुम ही कहो...

तहजीब से छुपाई हुई...
गहरे कुछ घावों के...निशान अनेक
बाजार में...सस्ती कीमतों में या
नीलाम में बिकती...श्रृंगार अनेक
एक ही चेहरों के यहां किरदार अनेक
मुखौटा टांगे...यहां कलाकार अनेक...
पर कैसे बताऊ ?

चलो बहुत हुआ...
देखो...आख़िर-कार मैंने भी...
कुछ-कुछ अदाकारी...सीख ही ली
पर इस बात को...कौन समझेगा ?
थोड़ी-थोड़ी होशियारी...सीख ही ली
पर इस बात-को...कौन परखेगा ?

देखो ना...मैं भी कितनी बुध्दू हुँ...
एकदिन...खुद के आंसु में...
खुद ही फिसल गई
अल्लाह ना जाने...फिर कैसे संभल गई...

खैर....जो भी हुआ...शायद अच्छा ही हुआ
ठीक तो थी...मगर...
एक " बच्चा " कहां हुआ ?

हा...हा...हा
दे ताली...
शुक्रिया... शुक्रिया... शुक्रिया...

कोई है ?
कोई है यहां...
जो मेरी आवाज़ सुन सकता है... ?

कोई है ? कोई है क्या यहां...
जो मेरी आवाज़ को सुन सकता है...?

देखोना...मेरे बदन से एक
अजीब सी बदबू आ रही है
कुछ सुखी पड़ी गुलाब और
बहुत सारे जख्मी...ख्वाब को पीस-कर
बनी कोई इतर के जैसी.

या... फिर... जैसा तुम बोलो...
पर कैसे बताऊँ ?

ये मोमबत्तियां की रौशनी में तुम
दिवार कि दरारें...ढूँढ ना पाओगे...
पर कैसे बताऊँ...?

बदलती ऋतुओं में...हाहाकार कि मीनारें
तुम पहचान ना पओगे
पर कैसे बताऊँ...?
इन जश्न और शोर में सिमटी
गहरे सन्नाटों को...
तुम सुन सकोगे... ?
मुझे यकीन तो नहीं...पर कैसे बताऊँ...?

इस बीहड़ रेगीस्तान में...तुम अमृत की फव्वारे
खोजने निकलोगे...?
मुझे यकीन तो नहीं...पर कैसे बताऊँ...?

ये दरवाज़ों के रंग
ये बाहरी उमंग
ये साज़ों-सामान
ये मोहब्बत के मकान
तुम्हें बहुत दिखेंगे...पर कैसे बताऊँ...?

आँखे खुली हो तो...दिखावटी इंसान
तुम्हें, बहुत दिखेंगे...पर कैसे दिखाऊँ...?

अगर देखना चाहो...तो आना उस वक्त
जब रात के...साये...सबको अपने
आगोश में सुला दे . . .

जब मुखौटा उतार के...थका-हारा तन
बिस्तर को कोई...शराब पीला दे...

तब दिखेगा तुम्हें वो तस्वीर...जो...
उजले सीसे में...साफ-साफ झलकती...
जब कोई...अपनी नज़र को
प्रतिबिम्ब से मिलाती।

रग-रग में उमड़ते...कुछ तिलश्मी तूफ़ान
सुलगते हुए कुछ बदनसीब अरमान
कुछ सवालों के समंदर
कुछ बवालों के बवंडर
कुछ ज़िल्लत...कुछ मजबूरियां
कुछ हालातों कि हथकड़िया
कुछ भूले बिसरे गीत
एक बिखरा हुआ अतीत।

ये सब-कुछ बताना चाहती हूँ...
पर...कैसे बताऊँ...?

****

संघर्ष

जब समय की कांटा...
प्रतिकुल चल रही हो
जब नियाति...
मुख मोड़ ले रही हो
जब निराशाओं के...
काले बादल छा रही हो
तब...सैय्यम धर तू...
ना आगे का सोच...
ना पीछे मुड़ तू
मष्तक झुका... और विश्वास रख...
की...
तेरा भी अवसर आएगा...
जब धाराऐं...
अनुकूल दिशा में बहेगा।

समय का बस...
खेल है ये
हवाएं बस...
प्रतिकुल हैं ये
यकीन तू रख...
अँधेरा ये छटेगा

नज़र टिकाले...
बस पूब दिशा में
किस्मत का सूरज...
कोई नई उम्मीद लेकर
जरूर उठेगा...जरूर उठेगा।

कर इंतजार बस
उन दिनों का
जब प्रकाश से भरेगी...
हमारी ये धरती
चिड़िया गाएंगे...फुल खिलेंगे...
मोर नाचेंगे...मीठी बारिश में
भीगती गाती।

लेकिन तब तक...
धीरज तुमको धरना होगा
सोच समझ-कर...
चलना होगा।

परिस्थिती को तू
गले लगा ले
बुद्धि का तू
ढाल बना ले
हर दुख के पीछे... छुपा है
सुखों का एक, रंगीन सफर...

ये दुख आखिर में... कुछ भी नहीं
बस... नए सिरे से निर्माण का
है.. एक... उज्जवल अवसर।

दुर्भाग्य... हमेशा जागती नहीं
कभी तो नींद उसे भी आएगी
काले बादल भी बारिश के बाद
कही दुर... चली जाएगी।

नीला आसमान दिखेगा तब...
पौरुष तू धरेगा जब...
तप्त प्रहर... बस कुछ ही
लम्हों की बात है
उसके आगे तो...
संध्या-बेला की शुरुवात है।

जब चिड़िया अपने घर को लौट जायेगी
और...चंद्रमा की किरण...धरती को
शीतल एहसास से नहलाये-गी...तब
कड़कती धुप को याद करके
सितारों के संग रास रचाना...और...
सच्चाई- का दामन थामे..
पर्वत का तुम...प्यास बुझाना।

शख्त भुजायें...पाषाण हृदय
बस...यही तेरी पहचान है अब
गिर के सम्भलना...
फिर...सम्भल-के चलना
जीवन का बस... खेल हैं सब... ।

****

कुछ बात है दूजा

ये...जो कुछ भी मेरे भीतर... रोज़...
बनता है... बिगड़ता है
उतरता है... उभरता है
तैरता है... ठहरता है
संवरता है... निखरता है
वो...सब...जज़्बातों के तरंग अक्सर...
कुछ लकीरों के रूप लिए...धीरे-धीरे...
एक कोरे कागज़ पर...
अपना...साम्राज्य...विस्तार करती है।

सियाही की रंगो से सनी हुई...
ईन लकीरों के धार को
आकारों को... आकृतियों को...आम-तौर पर
हम... " अक्षर " कहते हैं।

इसके बाद...
जब कुछ पवन के परिंदे
फेफरे से निकल-कर...
दो परदों के बीच से गुज़रते हुए...
आसमान में...अपना पंख फैलाती हैं...तब
" शब्दों " का निर्माण होता है।

ईन " अक्षर " और " आवाज़ " की जुगलबंदी
अक्सर...पुराने कैनवस पे...
नए नए आयामों की
संरचना में जुट जाती है...
जो अपनी ओर से
सारे अनियमिताओं को नियामित, और...
अपूर्णताओ को पुर्णता देने की
भरपुर प्रयास करती है ।

और साथ ही में...
मेरे मन में कैद...हजारों...
घुटन के पंछियों को...
पिंजरे से आजाद होने का
एक मौका देती है ।

इसलिए...असली मज़ा...
पाने मे नहीं...खोने मे है
तैरने मे नहीं...डूबने मे है
जागने में नहीं...सोने मे है... और
सवरने मे नहीं...बिखरनें मे है ।

अनुभूति...एक महासागर में...बहने की
एक तिनके...कि माफिक ...

कोई अहम नहीं
कोई वहम नहीं
कोई आश नहीं
कोई भाषा नहीं
कोई तेष्टा नहीं...और
कोई चेष्टा नहीं।

अगर कुछ है...तो सिर्फ...एक एहसास...
उन तरंगों के साथ बहने का
जिसमें अपनी भूमिका...
बस... " ना " के बराबर।

इसलिए ....
उस बाहाव में
" मैं "...मौजुद तो हूं...निश्चित...
लेकिन वो " मैं ",.. " मैं " नहीं।
एहसास...किसी से कभी...
जो कह ना पाए...
रेगिस्तान में छम-छम बुंदों की तरह...
सदियों से कोई...जो सुन ना पाए।

कुछ वैसी ही...
अनकही बातों का जमावड़ा...जो...
विरान गलियों में...सिसक रही हो
कुछ अभिव्यक्ति का बही –प्रकाश...
जो शायद...
बेहद...बेहद जरूरी हो...

वही सब... अनुभूति...
हर रात... मेरे भीतर...
एक ऊर्जा सी बनकर...फटती रहती...

फिर...तुम्हें मैं क्या बताऊं...
एक विरान सी पृष्ठ-भूमि पर...
मेरे सांसों में सुलगती
ऐसी...लाखों...लंका-कांड का.....,

अस्तित्व...
जैसे कोई और...ब्रह्मांड का...
महशुस...किया हुँ...हर पल...
इन धड़कनों के साथ-साथ
नस-नस मे मैंने...सारी रात।

निष्पक्ष, निराकार...जज़्बात ये सारे
तमाम ऐसे...हज़रात ये न्यारे,
जैसे...हुजुम बनाकर
सोर मचाएं... पास बिठाएं
बातें करे...फरियादे करे
जो थपेड़े मारे...दिल की सुर्ख जमीन पर
ज़ेहन की साख में बैठी
कोई गिद्ध या कोई लकड़बग्घा...शायद...
किसी विनाश की ओर करे इशारा
अंसुलझी सब समीकरन...एक...
अपराजेय छटपटाहट की ओर...
चले दोबारा।

सैकड़ों नक्षत्र...धुमकेतु...ग्रह...उपग्रह...
जैसे अपने-अपने कक्ष से निकल कर
तितर-बितर सी...झूम रही हो...
ठीक... ऐसी ही, कोई अनुभूति...
क्या तुम भी...
किसी की आहट को फिर...
सुन रही हो ?

गौर से देखो...कभी इस ब्रह्माण्ड को
चिरंतन...शाश्वत...यहाँ कुछ भी नहीं...
भ्रम की भीनी परत को हटालो...तो पाओगे...
बस धूल के सिवा...
यहाँ और....कुछ भी तो नहीं।

एक बिंदू सा भी तुच्छ...
आखिर मे...नहीं है तू...
चुटकी भर मिट्टी...तो दूर...तेरी
रत्ती भर सांसे भी मजबूर...किसी अंजान,
जीवन चक्र के हाथों में...
लकीरों में उलझी ऐ...मगरूर इंसान
इस पल को समझ...
जरुर...कुछ बात है दूजा...
खुरदुरे...इन सब... सौगातो में।

****

ॐ नमः शिवाय

हर हर शम्भु शंकर साजे
माथे पर श्वेत ध्वजा विराजे
जटा से गंगे तरंग चली हैं
ललाट पे हुताशन शिखा जली हैं।

देवा-धि-देव महादेव शिव शंकर
योग-निंद्रा में विलिन निरंतर
शक्ति प्रिये संग कैलाश शोभे
रुद्र-वीणा शंख ... डमरू बाजे।

रुद्राक्ष की माला, तेज तरारे
त्रिशूल पे चमकती, नाग-मणि पुकारे
धूम्र बदन...राख चंदन शोभे
भोग-विलास-दुख...निकट नहीं आवे।

प्रेत पिशाच भक्त, हर्ष उल्लासे
बम-बम भोले, कर जोड़ साधे
बाघ-छाल परी... भवतांडव नृत्य
जीवन मिथ्या...शिव ही सत्य।

मंदार... धतुरा अद्भुत श्रृंगार
अस्थी मुंड-माला करे हैं हुंकार
गले पे विषधर, सर्प फुनकारे
लक्ष्य कोटि नभ तुझे पुकारे।

वज्र बाहु...तन प्रस्थर संबित
ब्रह्म-वेद ज्ञान...अंतर स्थापित
रक्त-बीज शत कंकाल हसते
नमो नमो महाकाल नमस्ते ॥

सूक्ष्म ब्रह्मा ज्ञानम् पुरुषम्
सर्वभूते विराजी अखिलम् स्वरूपम्
निराकार निर्भय गिरिजा सदाशिव
कंठ-सी नीलम नमो ऊँम-कारम् ।

त्रि नेत्र धारम चंदन तिलकम
त्रिलोक नाथम महेश्वर महंतम
बिरूपाक्ष दिव्य गण-नाथ पूजम
सोमे-स्व-रयाय दिगम्बर दिगंतम ।

जरा ब्याधि मृत्यु बंधन रहितम्
अनीश्र्वर श्रीकंठ अज-वृशांक भुजेहम
बृषभा, रूरह कपार्दि कवाची
शुलपाणि कल्याणी कैलेश नमोहम ।

तारक भार्गव भुजंगे आभूषण
विक्रम रुद्रे चारु-शाश्वत शिवामि
व्योमकेश स्थानु ब्रह्माण्ड राजन
अनाघ अनन्तम भगवन भजामि ।

अक्षत अव्वय सात्विक रूपम
कपाली कमारी प्रजापत गिरीशम्
गुणातीत मृद-मृदंगम सहितम
साक्षात् ब्रह्मा शंकर नमामि ॥

****

कलम

दो ऊंगलियो के बीच में फसा
छोटा सा एक यन्त्र
कभी हँसाए कभी रुलाये
लिखित प्रमाण पत्र।

कलम... तू ना थकना कभी
चाहे मुश्किल, कितनी हो हालात
सियाही की ताकत, खंजर से ज्यादा
तलवार से भीषण आघात।

लड़ाई के लिए कोई हथियार नहीं तो
शब्दों के तीर... दागो
ख़ून से लिख दो... फिर एक बार
जागो जनता जागो।

विषय भले मधुर ना हो...पर
सियाही... झूठ ना बोले
सोच समझ के चीजों को परखे
आधारो पे तोले।

छोटे छोटे शब्दों का, अनोखा संगम
जब, एक सुर में बोले
आँखो के सामने, सब पर्दा हट जाये
गहरे राज़... ये सारे खोले।

कागज़ के साथ... ये कलम का रिश्ता
यूं तो बहुत पुरानी
बदलते समाज को साक्षी रख-कर
इतिहास... इसकी निशानी।

सियाही की चंद बुंदो को मैने
लघु में बदलते देखा
असंख्य लफ्जों-की निनाद में हजारो
सरकार सुलगते देखा।

डरता हूँ कही..
बहरुपीयों के नकाब उतार कर
ये बेनकाब न कर दे
सियाहि की अनगिनत बुंदे... हृदय में
चिंगारी न भरदे।

इस लिये...
कलम तू और ना लिख...
इस लिये ...
कलम तू और ना लिख...

ठिठुरती होठो कि प्रार्थनाए अचानक
पुकार ना बन जाये
अनजान चेहरों की आवाज अचानक
अधिकार न बन जाये।

राजनीति की ज़ंजीर अचानक
मिलन के डोर...ना बन जाये
सहमी हुई सरगोशी अचानक
बगावत के शोर...ना बन जाये।

सड़क पे पड़ी हुई भीड़ अचानक
बेहिसाब ना बढ़ जाये
दिल में दबी हुई आग अचानक
इन्कलाब न बन जाये।

****

एक अनेक

रात एक मगर ख्वाब अनेक
आसमां एक मगर सितारे अनेक
चाहत एक मगर ज़रूरत अनेक
दिल में दबी हुई जज़्बात अनेक।

जीवन एक मगर जीविका अनेक
इंसानों के किरदार अनेक
सुख दुख के ये अपार समंदर
चेहरा एक मगर मुखौटा अनेक।

निराशओं के तकीये तले
आशाओ के जुगनू जले
विश्वास एक मगर सलाह अनेक
सही रास्तो में संघर्ष अनेक।

अतीत को लेकर अफ़सोस अनेक
भविष्य की चेतावनीयां अनेक
वर्तमान को कैसे संभाले
समय एक मगर परिस्थितियां अनेक।

सरलता एक मगर साज़ीश अनेक
हकीक़त की प्रशंगों पर पर्दा अनेक
वादा करके मुकर जाते हैं लोग
अल्फ़ाज़ो की दाओं-पेंच पर, राजनीति अनेक।

ईश्वर एक मगर मूर्ति अनेक
पूजा एक मगर पुजारी अनेक
अदालत एक मगर वकील अनेक
इबादत एक मगर इंतेज़ाम अनेक।

झूठे दिलासाओ कि लम्बी कतार
सच की आवाज में दर्द अनेक
कुचलते देखुं गरीबो के सपने
हँसी होठों पे...मगर तकलीफ़ अनेक।

मेरे हाथों में भी लकीरें अनेक
तकदीरो पे मगर इल्ज़ाम अनेक
समाज के अंधे रश्मो-रिवाज
सुखी कौन, यहां देखो दुखी अनेक।

भूख एक मगर पकवान अनेक
खाली पेट, बिलखते हुए हाहाकार अनेक
गुमसुम चुपचाप मासूम से चेहरे
समाधान एक, मगर समझदारीयां अनेक।

नश्वर जीव का अभिमान को देखो
खन खन बजती इनके दौलत के सिक्के
वक़्त रहते...
अपने धड़कनों के सुर को समझ-ले
क्यों की....
चिता एक... मगर चिंगारी अनेक।

****

आज नहीं

जानता हुँ....
बागीचों के इन फुलों को
और.....सालों से अर्जीत इन ऊसुलों को
पेचीदा भवंर सी गलियों को
या फिर... सवालों के इन कलियों को
काल के पैरों तले
कुचल जाना हैं एक दिन
मगर वो दिन... आज नहीं।

जानता हुँ....
झुके हुए इन कंधों को
और ......पागल इन परिंदों को
जवानी के उमंगों को
या फिर.... मचलती इन तरंगों को
थक कर चुर होके
ठहर जाना है एक दिन
मगर वो दिन..., आज नहीं।

जानता हुँ.....
उबलते खुन की नहरों को
और.....अरमानो के इन शहरों को

उम्रदराज इन चेहरों को
या फिर......अस्थिर कांच सी लहरों को
अंत में, साहिल पे.....
टुटके, बिखर जाना है एक-दिन
मगर वो दिन... आज नहीं।

ये तुफान ये बवंडर
ये सब निर्जिव काले मंजर
ये लरसते सुखे होठ
और ये... ताजे ताजे चोट
समय की धुल से शायद
सवर जाएगी एक-दिन
मगर वो दिन... आज नहीं।

इस लिए......
आज सिर्फ बातें नही
हिसाब भी होगा....
रुतबे के पीछे छुपा
रुवाब भी होगा....

आज चर्चा होगी...
आंशु और अधिकार कि
अस्थि मांस और हाड़ कि
तलवारों के धार कि
रद्दी और कबाड़ कि।

आज.......

आज... मन में उठ्ठी एक सैलाब है
हुंकार नहीं... बस ये आलाप है
अविनाशी एक प्रताप ना समझे
आखिर...
क्या पुण्य क्या पाप है ?

कीर्तन हो या क्रांती हो
दंगल या फिर शांति हो
जंग में खुदको झोक के बन्दे
अभिमानी मन को सौप के बन्दे
इतिहास तुझको आ दोहराए....

अब....जो होगा सो देखा जाए....
अब....जो होगा सो देखा जाए.... ॥

****

पंखुड़ी

ज़मीन की सतह से थोड़ी सी ऊपर
मैने...खुद को थोड़ा हल्का पाया।

आपस में टकराती शीशे के जाम... और....
मेरे परछाई में सोते... तेरी साया

मैं...... आज.....
खुदको जैसे....
किसी की... अश्कों में... छलका पाया
मैं आज... फिर से
खुदको थोड़ा हल्का पाया।

मेरे वजन के साथ तेरी वजुद के रिश्ता...
और...मेरे जुनुन के साथ
तेरी जज्बातों के सम्बंध....
गैरों के तादाद पर बौखलाते
तेरी और मेरी... ये... रूह कि बंदिश
मैं... आज....
तेरी कागज की कश्ती में
खुदको जैसे सवार पाया....
मैं ...आज... फिर से....
खुदको थोड़ा हल्का पाया।

ये तेरा होना... या... ना होना
या होकर भी..., मुझे नजर ना आना
मैं किसे ढुंढता हुँ....जो है नही
या जो करीब होकर भी...मेरा नही ?
मैं....आज....
तेरी यादों की अंजुमन में
खुदको जैसे नौशाद पाया....
मैं... आज... फिर से...
खुदको थोड़ा हल्का पाया।

तु मेरा वहम है ...इसे जानु मैं
मगर फिर भी.... इसे झुटलाना...
मेरे वश में नही,
ना जाने क्यु ...आज भी तेरे घुंघरु कि बूंदें
मेरे कानों में घुलती... शरबत के माफिक.
इस आवाज को अनसुना करना
मेरे इख्तियार में नही... ।
मैं....आज...तेरी कलाई में बंधी
वो लाल धागे मे...
खुदको ...बेहद... महफुज पाया....
मैं... आज... फिर से...
खुदको थोड़ा हल्का पाया।

एक बाज ...जैसे बहुत ऊपर से ही
अपने शिकार को भांप लेता है
ठीक उसी तरह मैं भी ....
सारे रिश्ते नाते को दर-किनार कर के
बेबस लाचार कोई शिकार के जैसे
अपने आप को....
तेरे पंजों के हवाले करते हुए
ऊन ऊंगलियों में बनते-बिगड़ते...
खुदको जैसे आफताब पाया....
मैं... आज... फिर से...
खुदको थोड़ा हल्का पाया।

ये तेरी हुस्न कि पंखुड़ी हो
या हो तेरी ख्वाबों की दश्तक....
तेरी सभी रूपों में
मैनें खुदको जैसे महताब पाया....
मैं... तेरी...लहलहाती खेतों के बीच बनी
पतली सी पगडंडी में....
खुदको जैसे आजाद पाया....
मै... आज... फिर से...
खुदको थोड़ा हल्का पाया।

****

तूर कल्लेयां

पग-पग में बिखरे
शूल जहां पर
निखर वहां...तू
फुल सी खिलके
रग-रग में आंधी...
जज्बा को ले
साहिल तू बन...
प्रतिकुल से मिल के।

चट्टान सी मजबूत
हो इच्छा-शक्ति
चाहे तेरा कोई
मोल न समझे
बस ठहर वहां...
ना भाग तू डर के
ये लोग तुझे... बस
धुल न समझे।

हो कर खुद से
तू शर्मिंदा
मालूम तो हो...की

है तू जिंदा
अंधियारों से अब
डरना क्या है
जीते जी अब
मरना क्या हैं?

भीख़ नहीं अब
छिन के लेना
चीख के बोली
ये खुन पसीना
धीमी धीमी कुछ....
सांस हैं बाकी
अंतिम कुछ...
एहसास है बाकी।

निडर आंखो से
नींद उड़ा कर
पिघला दे तू
आंखों की काली
शाम सुहागन
देख वहां पर
छोड़ के पीछे
सूरज...की लाली।

अटल पहाड़...को
लांघते जाना
यूं ही बीते
साल महीना
जुगनू ये प्रतिपल
राह दिखाएं
ख्वाबों के दीये...
दिशा बतायें।

छड नू यारी ...जग दी लालच
फकीरा चल तू ...संग मिलेया
पूरब दिश देख नया सवेरा
लोहे नू सूरज...फिर उगेया।

लकीरों दा...ये खेल है सारा
चल राही चल... जग भुलेया।
बस...कम्बल लाठी झोला हिम्मत
रब नू चलतू... तूर कल्लेयां।

****

अपूर्ण

बातें.... ये जमीन से जुड़ी हुई
कहीं ख्वाब से लदा हुआ... तो कहीं
बोझ से दबी हुई....
कुछ हद तक अधुरी... और...
कुछ हद पुरी हुई।

जिश्मानी पोशाक को उतारे
रुहानी इश्क में संवारी हुई
कभी वो नाजुक नरगिसी तो कभी फिर
नायाब आभुषणों से जड़ी हुई....
पर...कुछ हद तक अधुरी... और
कुछ हद तक पुरी हुई।

वक्त का बुलबुला कुछ...
फट जाने दो ना
कहने वालो को कुछ...
कह जाने दो ना
लो बादल आसमान में...
धुम्र आंचल सी ओढ़ी हुई...
पर...कुछ हद तक अधुरी... और...
कुछ हद तक पुरी हुई।

कवांरी कुन्तल बरसात को देखो
धरातल में बिखरे... इन सौगात को देखो
फसले... कहीं हरीत... तो कहीं...
स्वर्णिम आखा-ओं सी भरमार हुई....
पर....कुछ हद तक अधुरी... और...
कुछ हद तक पुरी हुई।

कहीं मिट्टी की सोंधी खुश्बू
तो कहीं मीठें फलों का अंबार
दुनिया... कहीं खुरदरी तो कहीं
शहनाज... दुलहन सी रुखसार हुई...
पर....कुछ हद तक अधुरी... और...
कुछ हद तक पुरी हुई।

तु... मेरे...
हर हार में... हर जीत में
मेरे सांसो की संगीत में
तु कभी प्यास... तो कभी
अनंत घटाओं सी मनप्रीत हुई....
पर...कुछ हद तक अधुरी... और...
कुछ हद तक पुरी हुई।

तु मेरे... हर शिकस्त में कवच...और...
जश्न में... खुशीयों की त्योहार हुई
तु... कभी वक्त की तरहा... " नासाज़ "...

तो कभी फिर...मेरे...
हर हिस्से की अधिकार हुई।
पर...कुछ हद तक अधुरी... और...
कुछ हद तक पुरी हुई।

****

विपरीत

समय समय की बात है प्यारे
धुप कहीं तो छाव कहीं
विपरीत ये प्रतीबिम्ब में सारे
चोट कहीं तो घाव कहीं ।

सागर किनारे हमेशा शाम कहीं
यूंही बे-वजह...आशिक बदनाम कहीं
कहीं निश्चिंत तो कहीं दाव... और ...
कहीं समर्पित तो कहीं भाव ।

उजाला कहीं तो अंधेरा कहीं
पर्दे के पीछे ...बेनकाब चेहरा कहीं
कहीं धोखा तो कहीं वफादार ...और
कहीं खुदगर्ज तो कहीं खुद्दार ।

धुंधला कहीं तो साफ कहीं
भीतर ही भीतर... सुलगते अभिशाप कहीं
कहीं दगा तो कहीं दिलदार... और....
कहीं दर्द तो कहीं उपचार ।

बे-बुनियाद कहीं तो आधार कहीं
मंथन कहीं तो एतबार कहीं
कहीं दान तो कहीं दरकार ...और....
कहीं त्राण तो कहीं दरबार।

ताज कहीं तो कारागार कहीं
समाज कहीं तो सरकार कहीं
कहीं रक्त तो कहीं रंगदार...और
कहीं तख्त तो कहीं तलबगार।

कायर कहीं तो शुरवीर कहीं
सुलह कहीं तो शमशीर कहीं
कहीं किंचित तो कहीं भण्डार..... और ....
कहीं वंचित तो कहीं हकदार।

जंजीर कहीं तो उपहार कहीं
फिर भी निडर...देखो सरदार कहीं
कहीं स्वच्छ तो कहीं अलंकार...और
कहीं समर्थ तो कहीं अहंकार।

बचपन कहीं तो जवानी कहीं
मौसम के इठलाते रवानी कहीं
कहीं खामोश तो कहीं चीत्तकार ...और...
कहीं मदहोश तो कहीं समझदार।

साकार कहीं तो निराकार कहीं
सृष्टि का देखो हम-पर उपकार कई
कहीं दीपक तो कहीं दीवार ....और...
कहीं पृथक तो कहीं एकाकार।

जन्म कहीं तो मृत्यु कहीं
हर रंग का यहां बाजार कहीं
कहीं मिट्टी तो कहीं अंगार....और...
कहीं विध्वंश तो कहीं उध्धार।

शोक कहीं तो सर्मपण कहीं
सड़क किनारे बेघर बचपन कहीं
कहीं हसरत तो कहीं शूक्रगुजार...और...
कहीं संकट तो कहीं परवरदिगार।

तपस्या कहीं तो तमाशा कहीं
आहूती कहीं तो समीक्षा कहीं
कहीं बंधन तो कहीं तिरस्कार .... और....
कहीं चंदन तो कहीं चमत्कार।

इसलिए .....
विपरीत ये माहौल में बंदे
सच्चाई का दामन थामें
खुदा से खुदको जोड़ ले तु आज....
दरगाह में एक दीप जला के...
तु....
अंधियारों में दीप जला के।

****

धर्म

ईश्र्वर को तो सारे पूजे
अपने अपने रंग में
विश्वास का तो रूप अनेक
पर... सारे रास्ते चलें है संग में।

कोई तुझको बोले " भोले "
कोई " अल्लाह " कोई " ईसाई "
पर... किसमें बसा है " तु " दर-असल
आज तक... कोई ये ना जान पाई।

गुड़ भी मीठा, आम भी मीठे
मीठा है " माँ " का प्यार
मगर ये " मीठा " तो है कैसा मीठा...?
बोल ना पाओगे उससे आगे
चाहे कोशिशे... कर लो हजार।

ईश्वर को तो मुख से कहना
है बहुत ही कठीन
कण-कण में समझो " वो " बसा है
भले... सारे रास्ते, चलें भीन्न भीन्न।

कोई पुजे " तुझको " यज्ञ में
सफेद पोशाक पहन के
कोई भुखा रह के पाले
मिथ्या नियम, ये जग के।

दिखावटी सब लोग यहाँ
अंतर के द्वार ना जाने
बस...आँख मूंद के चल चलें है
जीवन के " सार " ना जाने।

अरे... पत्थर में भी आग छुपा है
बस... घर्षण कि है देरी
शीश झुका कर, देख रे मानव
" ईश्वर " तेरी... है ना मेरी।

ह्दय का धड़कन सून रे मानव
सब से बड़ा...चरीत्र
ज्ञान का दीपक जलायें रख्खो
शिक्षा ही है मित्र।

व्यर्थ ही... इंसान तु पूजे
ये सफेद काले पत्थर
असल में तो " वो " बसा है
सबके ह्दय के अन्दर।

उन्ही से चलते ये ग्रह नक्षत्र
सारे रिश्ते नाते
उन्ही से सब जन्म लेते....और...
अंत में...
उन्ही में समा हम जाते।

****

उन दिनों की बात

ये उन दिनों की बात है
जब मैं ...मैं नहीं था ... और ...
तुम ...तुम नहीं थे।

उन दिनो...
ये सूट-बूट ये टाई ना था
ये कामयाबीयों के शहनाई ना था
ये नौकर चाकर, पहरेदार ना थे...
ये शोहरतों के अम्बार ना थे।

ये राजपाठ ये शान न था
हृदय में अभिमान न था
दौलत ये...बे-शुमार न थे...
मुसर्रत के भी अधिकार न थे।

ये रहन सहन आलीशान ना था
किस्मत यूं मेहरबान ना था
ये तीर धनुष कमान ना थे... और...
जरुरत के भी .....सामान ना थे।

ये रियाशत के तकरार ना था
और... सियासत के दरकार न था
हुकूमत के मुस्कान ना था
जिंदेगी...इत्तना भी...परेशन न था।

कुछ था तो बस.....

तुझसे मिलने की एक आस
कुछ बेकदर एहसास
कुछ बेधड़क फरियादें
कुछ पुरे तो कुछ आधे।

एक चेहरा बेहद खास
कभी दूर..., कभी वो पास
वो शख्स...कभी वो साज़
वो....लक्ष्य कभी वो लाज़।

मेरे दिल के हर-एक राज
कुछ धब्बे...कुछ-पे नाज़
वो खुद से किये वादें...
कुछ गहरे...तो कुछ सादे।

वो बिन सोये कुछ रातें
वो बादल वो बरसातें
कुछ ख्वाहिशों के रेल
कुछ कोशिश और कुछ खेल।

कुछ आंशु कुछ सौगातें
वो तुझसे किये बातें
तुझे खोना या फिर पाना
वो गुज़रे हुए ज़माना।

पर...
वो तुम शायद.... भूल गई हो
शरबत में बिल्कुल...घुल गई हो
कसमें रसमें..., कुछ याद तो है ना... ?
वैसी तुझमे..., कुछ बात तो है ना ?

सारे रिश्ते-नाते छोड़ के मैंने...आज...
दिलसे तुझे पुकारा
बंधन सारे तोड़ के तू भी
नज़दीक मेरे आ...यारा।

ये रिवाजों के भरम
ये ना होना तेरे संग
कशमकश के बीच में फंसी
इस कश्ती को अब..., पार लगा तू।

आज...
सही गलत को ताक में रख-कर
देख खड़ा, मैं आज ... वहीं हूँ।
बस तेरे लिए...
मैं....अब भी....वहीं हूँ।
****

वो सब कुछ है याद...

वो पेचीदा गली…
वो धुंधले से शाम
यु ही तो नहीं…
हम हुए बदनाम
होके मजबुर…
तेरे इश्क में जनाब....
आज भी मुझको…
वो सब कुछ है याद।

वो घुंघराले तेरी…
जुल्फों की नरमी
परमान-ए- इश्क...
और...हद बेशर्मी
तेरी हुस्न के चर्चे...
और रैन दीवानी
वो मेरे खोए रुतबे...
और... झील का पानी
वो साहिल वो लहरें...
वो तारे वो चांद
आज भी मुझको...
वो सब कुछ है याद।

वो बेबस मेरे...
दिल का धड़कना
फिर भी तुझको...
नजर ना आना
करके हजार ...
बेतुक बहाना
इशारों में फिर वो ...
तुझे जताना
ये बातें आज भी...
करे बेताब....
आज भी मुझको...
वो सब कुछ है याद।

वो तेरी कांच के लछछे...
और पायल खन-खन
वो नथनी झुमके...
और जेवर कंगन
वो नागिन तेरी...
रंग बनावट
डसे जो मुझको...
चितचोर नजाकत
फिर.....ख्वाबों की कलियाँ...
ले आई बारात....
आज भी मुझको...
वो सब कुछ है याद।

वो नीला अम्बर..
और ऊन सा बादल
वो फुल सी छतरी...
और भीगा तन मन
इन्द्र धनुष मन...
होठ अधखुले
हक से मेरे...
माटी को तोले
मकसुद मोहब्बत...
दे गई शबाब....
आज भी मुझको...
वो सब कुछ है याद।

वो सुखी टहनी...
और पतझड़ मौसम
वो बिखरे पत्ते...
और शाम का आलम
वो बीती घड़ियां...
क्यों मागें हिसाब
आज भी मुझको...
वो सब कुछ है याद।

पर तुमने कभी...
जो मुड़के ना देखा
मुश्किल में पड़ गई...

हाथों की रेखा

बस एक इल्तिजा...

सनम तु आ... जा

रंग ये साफ...

पानी ना दुजा।

एक बात कहुँ.....

प्रीत कि उलझन...

ठीक नही....

हक से मांगा...

भीख नही।

वो प्यार कि कीमत...

वो लाल गुलाब....

आज भी मुझको...

बो सब कुछ है याद।

****

ऊसुल

तुम्हें चाहा है मैंने
चाहत से ज्यादा... इस लिए...
तेरी कसमकस से वाकिफ हूं...मैं
तुमसे ज्यादा।

कोई लकीर सी खींची हुई जैसे
तेरे और मेरे दरमियान...
मालुम है...की बेहद कठिन
मोहब्बत के...हर एक इम्तेहान।

तुमसे दुर चले जाउ...ये ना-मुमकिन
और सीमा रेखा-से परे जाना...
तो बेहद मुश्किल
ये जालिम दुनिया ना समझे
रिश्तो की नाकाबंदी
मजबुर होकर...कभी...
हमसे...आके मिल।

ये खामोश जुबान जाने... की
घुटन क्या है
ये बेताब दिल पहचाने...आखिर...
चुभन क्या है

धीरे-धीरे जलते रहना...और...
जलते जलते...ढलते रहना...
आ...सान... तो नहीं
अगर... इसे तुम... बस...खेल ही समझो...
तो...इसमे ज़ख्म तो है...बेशक...
" मगर...निशान...तो नहीं " ।

मेरी नज़रों से देखो...तो समझो-गे...
आंसू की अहमियत...
क्यों कि... कतरा कतरा... वो...अब ना बहे...
शायद पत्थर सा कुछ
बन चुकी वो...
अश्क को कोई... भुल... मोती ना कह दो...
क्या पता...सीप के अंदर
कोई... दुख सही हो ।

ये जिंदगी कोई सिगरेट नहीं...की...
गमों को... धुएं में उड़ाकर...
चुटकी बजाके...
सारे राख...झटक दे ।

ये जिंदगी तो एक मोम की तरह है
गलना भी है...और... जलना भी...
भले कोई समझे या ना समझे....
जिम्मदारी की शख्सियत...मगर...
रोशनी भी उस...ही से...और...
सुरक्षा भी ।

मोमबत्ती में कोई राख नहीं है
जो...गुम हो जाए...और
कोई काम ना आए।

गले हुए मोम को जमीन से उठाकर
पिघला-के...सांचे में डाल
कोई...और एक...नया...धागा पिरो दो
और...ये सिलसिला जारी रक्खो...
जब तक तुम्हारा...एहम...गुरुर..धीरज...
जवाब ना दे।

तरस ना खाओ...तुम उसके हालात पे...
निर्जीव मोम का तो...बस...
काम है जलना...और...
एक नन्हे धागे को... पेट में पालना।

और उधर... जमाने को पसंद जाम...
धीरे-धीरे पीना
इसलिए... " लौ " भी देखो तड़पे रोज...
मचल-के अपना सीना।

लोग... इस दबी हुई रौशनी का
जी भर के... मजा उठाते हैं।
इसलिए...महफिल और मयखाना में...
अक्सर मोम...
सज-धज के नज़र आते हैं।

इस्तेमाल के बाद... फिकर ना रखना
ये दास्तां तो तुमने...सुनी ही होगी...
मगर... किसी के जलने पर
जश्न मनाना...और
मातम में महफिल सजाना...
ऐसी कब्रिस्तान...
तुमने देखी ना होगी।

जीवन का अंत बस एक बार
पर... बेज़ुबानों के मौत...हर रोज़।

ना हैं...कोई एहसास की लड़िया
ना ही कोई इन्तेक़ाम के अवसर
बस अपना काम करते रहना...और
खामोशी से... सहते रहना।

मोम का कसूर बस यही है
कि वो...एक नन्हे धागे से
बेपनाह... मोहब्बत कर बैठा।

चाहे तो जलने के लिए मोम
इनकार कर सकता था।
लेकिन...हर बार जब उसे तैयार किया गया
उतनी ही दफे उसकी " कोख "में
एक धागे को रख दिया गया...
अब... मना कर के दिखाओ... तो जाने...

चलो...अब... हसते हसते...अपना
घुंघट उठाओ... और...
ठुमकती हुई लौ के साथ...
जरा... नाच के दिखाओ।

धागे के बिना तुम...मोमबत्ती को
जलाकर दिखाओ...तो जाने...

लेकिन होशियार दुनिया को मालूम है
मोमबत्ती की कमज़ोरी
<u>लावारिस धागे</u> की जीवन बस क्षण भर
पर...मोम के साथ इसकी जोड़ी... प्यारी।

मोम ने पूरी शक्ति झोंकी... और
अपनी ओर से हर संभव प्रयास किया...
<u>सलाम उस प्रयास को...</u>
<u>धागे की धड़कन तब तक</u>
<u>मोम की अग्नि-परीक्षा जब तक।</u>

लेकिन, हमसब एहसान - फरामोश
क्षण भर में ही भूल गए मोम की कुर्बानी
और चले... जमीन पर गिरे हुए...
उन सफेद आंसूओं को उठाने
और फिर से...एक नन्हा सा कोई...
नया धागा पिरोने।

इसलिए... हमसे मत पूछो...
ज़िम्मेदारी की सूरत क्या है...और...
रूहदारी की ज़रूरत क्या है।
जिस शम्मे को तुम...हसते-हसते
जलना कहते हो...
उस-ही शम्मे को मैं ...
धीमे धीमे मरना कहता हुँ।

मोम से सीखो...क्या होता है
आखिर तक साथ निभाना
कैसे...अपने उसूलों पे अड़े रहना
चाहे...ढलते रहना...अंधेरे की गोद में
लेकिन पीछे...एक खुबसूरत सी
कहानी ओढ़...
और... उजाले की कुछ बिखरी हुई...
निशानी छोड़...
बस इतनी सी थी... ये कहानी ॥

****

इन्साफ

पूरब दिश उठ...धूप सुनहरी
खुल गई सारी...कोर्ट कचहरी
किस किस पर अब देखें...होगी कारवाई
मुखौटा टांगे उमड़ के भीड़...
लो... सड़को पर आई।

लाखो दलिले सुनने के बाद...अदालत
कठघरे में कुछ कातिल ढूंढे...
और... उधर...सफेद पोशाक पहन के अपराधी
खुले बाजार में...बेखौफ घुमे।

काले कोट पहन के विद्वान
चले नसीहतों के श्लोक सुनाने
और...उधर...बोझ से लतपत...नाजुक इंसान
खड़े...मुसीबतों के शोक मनाने।

बदन हैं उसके फटे पुराने
जीने की अवस्था... ठीक नही है
पसीने कि महक...अदब से अज्ञान
अर्थव्यवस्था... बस...भीख नही है।

हाथ में मिट्टी...पैर में मिट्टी
क्या... सेहत...सान के
आये ये लोग
जर्जर हालात... बंजर किस्मत
कुछ समान भी साथ में...क्या...
लाये ये लोग ?

दस्तावेज़ जितने हैं...उसे नीचे फेको
वही इंसान को आज...कटघरे में देखो
सुनवाई... उसी की चल रही है
कोई ना जाने... आखिर दोषी कौन...
पर... कारवाई...
आज भी छल रही है।

सबुत के बिना...मुश्किल...
कुछ भी कहना
आखिर... राजा को तो...
उपर ही रहना

बचने और बचाने का सिलसिला
आज भी वैसी... जारी है
विचार-विमर्श...तर्क-वितर्क...कानून...
आज भी सबसे भारी हैं।

तारीख पे तारीख... बढ़ते जाए
पर मुक़दमे के अंजाम ना आए
उम्मीदों की सारी हदे तलाशूं...मगर...
सरहद से समाधान ना आए।

बस एक ही रास्ता...
सबुत को हर हाल में पाना...और...
गवाह को गुनेहगार से मिलाना
इसके बिना...ना कुछ भी होना...
भले...दोषी कह-ले सारा जमाना।

बस...ढाई कट्ठा ज़मीन...
जहां... सौंधी अनाज की खुशबू थी
वही ज़मीन...आज कंकड़ पत्थर...
सेहरी धुन...दरवाजे पर जो...
दस्तक दी।

कौड़ी के भाव में छिन गए
वो पूँजी संबल जीने का जरिया
अब बिखरा हिम्मत निष्फल ताकत
अस्थिर जैसे...जीवन दरिया।

गिरते संभलते आज जीवित है बस
एक रोजगार...और उम्मीद में दस
मुआवजा कितना...कोई ना जाने
कानून के तो...कोई कशमकश।

मिन्नत...अर्जी....सब लगे है फर्जी,
अंत में सबकुछ...खुदा की मर्जी।

किसी ने तब फटकार लगाई..
कि चले जाओ यहाँ से...
ये सिर्फ शरीफों की बस्ती है
शिकवा शिकायत अपने पास ही रख्खो
ईमान...यहा पर सस्ती है।

सदगुणी सब लोग यहां पर
चरित्र बिल्कुल...कांच सी है
बाकी प्रतिक्रिया तुम बाद में लेना
उंगलिया इनकी भी...पांच ही हैं।

कुछ भी कह दो...
कुछ भी कर लो...
इनकी ताकत... तोतले...
दो बंद मुट्ठी में
क्या कर लोगे...तुम भेड़ बकरियों
इनकी सोहबत...लचकीले...
न्यायशास्त्र की पट्टी में।

हसरतों के इमारत बड़ी दूर से निहारे
दिखने में जैसे... एक सोने की लंका
कानून के तहत...बेकशूर ये ठहरे
फिर करे जो चाहे...वो अपने मन का।

क्या सही और क्या गलत
इस शतरंज के खेल को
समझना पड़ेगा...
वरना " सफ़ेद " - " काले " की
जंग में हर रोज़
बाकी और रंगों को ही..
उलझना पड़ेगा।

प्रमाण के आधार पर...
हर एक चीज़ को तौलना
कानून तो बिल्कुल " पाक साफ " रहेगा
मगर क्या अंधेपन का नाटक करके...कुछ...
बुनियादी जज्बातो-को झूठला देना...
इसको बेदाग, "इंसाफ" कहेगा ?

अरमानो का तो, वजन भी शून्य।
कीमत के बारे में ...ना ही पूछो
तो...पत्थर...कागज और सौगात के बदले
किसी के भी तुम .... " जज्बात " ना बेचो...
....
किसी के भी तुम... " हालात " ना बेचो।

****

मेरा पता ना पूछो

कोई आलसी दोपहरी में…झरोखे से झांकती
तुम्हारी कुछ कच्ची गलतियाँ
क्यों तुमसे आज…
मेरा समाचार और पता पूछे ?
वो गुजरा जमाना… जब तुम्हारे कदम…
मेरे आगे आगे चला करती थी…
क्यों तुमसे आज…
मेरे मासूमियत की खता पूछे ?

सच बोंलू तो…
तुम्हारे काबिल बनने की जद्दो जेहद
कहीं थका दिया था मुझको…और…
मुखोटा टांगे…. नजदीक तुम्हारे…
भीड़ थी बहुत
मेरे सीमित उपलब्धियां…तब मुझसे बोली…
अब रहने दो।

तब…तुम्हारे आस-पास की…
शोर से… कहीं दूर
मैंने…मेरे कदम को बढ़ाया
लेकिन… जाते वक्त भी…

एक शर्ट का धागा
तेरी चौखट पे... बांध जो दिये...
वही सायद आज भी...
कहीं बेवजह यु तड़प रही है
और...इस विरान सी दोपहरी में...
पता हमारा पूछ रही है।

पर...मुझसे तुम मेरा पता ना पूछो
मैं आज भी तुमको वही मिलूंगा
सड़क किनारे वो शीसम का पेड़
ढलता सूरज और वो अलहड़ पवन
मैं...तुम्हारी सांसें बनकर,
तुम्हीं में रहूंगा।

मैं... आज भी तुमको वैसे ही चाहूँगा,
ठीक उसी तरह...
जैसे... बीते दिनों को भूला के
हर... रोज़...
होता है एक नया सवेरा,
आजाद परिंदे और मन के बाशींदे
जैसे फिरसे ढूंढे...
कोई नया बसेरा।

दिलों से धाड़कनो को
कभी जुदा होते, तुमने देखा है क्या ?
फुलों से उसकी ख़ुशबू को,
चंद्रमा से चांदनी को
समंदर से लहरों को
और सूरज से उसकी रौशनी को
कभी आपस में झगड़ते
तुमने देखा है क्या ?

ये इंसानी हाथों की रेखाएं...
अक्सर दगा दे जाती है
रिश्तों के समीकरण... ठीक-ठीक बनाने में
मगर इन्हें मालिक या खुदा बनते
तुमने देखा है क्या ?

किस्मत के आगे सब बेबस
उड़ते पंछी... हम तुम सारा
कुदरत ने चाहा... तो जरूर दिखेंगे
चाँद और सुरज...एक साथ दोबारा।

समझ लो...
बस ये परीक्षाओं की घड़ी है,
जवानी से आगे ही तो...
असली जीवन पड़ी है...
जब एक एक कर...

" साथ "... हर कोई छोड़ चलेगा
जब पुराने बरतनो को सारे
अलग-थलग कर दिए जायेंगे
और... नये चमकीले
रंगीन कांच के प्लेटो से
घर सारा जगमगा उठेगा...

जब तुम्हारा मोल...
कोई कबाड़ी तय करेगें...
जब ठिठुरती हुई हथेली का सहारा...
बस एक लकड़ी का टुकड़ा होगा
जब जरूरत के समय...
कोई ना होगा साथ तुम्हारे

तब देखना ठीक...
आएंगे पास हम
एक उम्मीद की लौ जलाकर...

आंसुओं से नहला देना...
तुम उस दिन
आशिकी को हमारे
क्यों की...सच्ची मोहब्बत...
हमेशा ही...
रुहानी संवेदना-ओ से भरे ॥

****

कितना मजबुर

कितना मजबुर है आदमी
जिंदा रहने के लिए
पलके मिचें ... दर्द – ए- शबनम
पीने के लिए....
कितना मजबुर है आदमी
जिंदा रहने के लिए।

मैनें देखा उनको हर पल
मुसकुराते...... हुए
उनको डर है... तो बस एक
आईने के लिए...
कितना मजबुर है आदमी
जिंदा रहने के लिए।

झुर्रियों के पीछे छुपी एक
चेहरा चुप है
अब भी बाकी..., कुछ नुक़्त-ए-वफा
कहने के लिए...
कितना मजबुर है आदमी
जिंदा रहने के लिए।

जुल्मो सितम से ना कभी
वो नाराज होता
ये तमाशा तो बस... तल्ख-ए-उलफत
भुलाने के लिए.....
कितना मजबुर है आदमी
जिंदा रहने के लिए।

अश्को के मोती.... बहुत दुर...वो
बिखरे होंगें
क्या ये नजराना...रियायत में
लुटाने के लिए...?
कितना मजबुर है आदमी
जिंदा रहने के लिए।

"इम्तिहानो"... से... दबी "सन्नाटें"
कुछ ना कहां
क्यो ये खामोशी...मर्द- ए- हिम्मत
बताने के लिए...?
कितना मजबुर है आदमी
जिंदा रहने के लिए।

मन के अंजुमन में... एक जंग
चल रही... कब से...
जली आखों में... वो फिर से जिंदा
खुद से लड़ने के लिए....

कितना मजबुर है आदमी
जिंदा रहने के लिए ॥

****

आजादी

तुषार हिमाद्री, मस्तक माझे
पैरो में अर्नब... कल कल बाजे
बक्श में हरित फसल लहराए
सुखो की गंगा बहती जाए।

पंक्षियों की पवन हंस में
अम्बर बादल स्वर्णिम सोहे
चंद्र किरण की छाया मार्ग में
शाम सुहागन मन को मोहे।

चट्टान दीवारें अजय अमर हैं
गहरे-दुर्गम कुटिल तपोबन
रगो में बहती...अजस्र धारा
छम छम करती बरसाये सावन।

छह ऋतु का मिला उपहार
अंगड़ाई लि मौसम के तार
वेद कुरान और अनेको भाषा
एक ही देश पर लाखो आशा।

देख अतुलित संपद संभार
परदेशी आए कई हजार
पठान मुगल " अघौर " अंग्रेज
शुरु मे भोले...बाद में तेज।

शतरंज का एक खेल सजाकर
इलजाम... हम ही पे...थोप दिया
रिश्तो में फिर भेद बड़ा कर
नफरत के बीज... वो रोप दिया।

समझ ना आए...फिर कैसे अपने...
पराये जैसे... खो गये
चंद सिक्को की लालच में भाई...
भाई के दुशमन हो गये।

अवसर आया ये आज सुनहरा
सबको एक जुट करने का
अमन शान्ति की मशाल जलाकर
अँधियारों से लड़ने का।

बहने दो अब वक्त का दरिया
संघर्ष हो... या फिर... रक्त... हो जरिया
विचार विमर्श... तब उन्मुक्त होगा
जब... सहर्ष भुजाएँ संयुक्त होगा।

योजना नही...अब यज्ञ तैयार
पहन के चोला अबकी बार
मातृभूमि पर जान निछावर
जीवन जया या जग उध्दार।

पावन सुखमय देश हमारा
ये धरती हमको प्यारी है
हिंदु-मुस्लिम सिख ईसाई
सबसे अपनी यारी है।

ये राजतंत्र ना हम पर थोपो
बलिदानो के हम आदी हैं
भारत माँ के लाल सपुत हम
इस दिल में बस...आजादी हैं...
इस दिल में सिर्फ...आजादी हैं...

"जय हिंद"

****

सलिल

नीर नीर जब श्रृंखल चीर
कौर क्षितिज में आज़ाद हुआ
जलद कलश कुन्तल मगधिर
उस्मा को पी-कर पर्याप्त हुआ।

सहेर संघातों से सजी लालिमा
भाप सी बन-ठन अवशेष हुआ
क्षण भर की चिर- विस्तृत आयाम
निर्माणों में धुल निस्वेश हुआ।

सूर्य किरण से हो शानदार पेशकश
प्रकाश से शुशोभित... जैसे सारी नगरी
बूँद-बूँद सी सागर ठहर ना पाए
परत दर परत... कैसी चमड़ी उधड़ी।

धूम्र सा बादल...तैर रही हैं
नस-नस में रस की, सहस्र धारा
स्वाद-हीन...गंध-हीन...बेरंग निर्यास
" जीवन "... और एक नाम तुम्हारा।

जब...सुखी पत्तियों साथ में लाई
अर्जी...कुछ बरसातों की
रूखी बंजर जमीन पे सोंधी
सृष्टि के सौगातों की...तब

अंतरिक्ष में करो प्रदक्षिण
जंगल खेत खलिहानो का
शिमुल कपास की नर्मीयां चुनकर
नयन हरित निर्माणो का।

चटक धार से... जब झोली फट गई
अश्रु की धारा...हाय...पलकों से टूट गई
दूर गगन में जब खीली बिजुरिया
स्वर्णिम साफा... दिलकश केशरिया।

कृष्ण कलश में क्षीर भरी आयो
रिध्दि-सिध्दि सुधा लाखों पायो
प्रलय स्रोत तुम...तुम ही हो कामिल
कभी उमंग तुम...कभी हो उर्मिल।

परिवर्तित स्वरूप...चक्र मार्ग में
भारहीन निर्जीव...एक अमृत धारा
प्रजापत प्रतिपालन इस धरा धाम में
मुक्त बिहंगम...तुम...सब का प्यारा।

चंचल प्रतिपल
तुम अनीश निरंजन
असंख्य सृष्टि बीज
सब तुम्हारी स्पंदन
करुणा सागर
तुम श्र्वेत सुख चंदन
गुणातीत महा...
देव मुख बन्दन।

निर्जीव होकर भी प्राण प्रकाश तुम
अनिक चिरंतन एहसास तुम्हीं तुम
निराकार निर्गुण... तुम अक्षत अव्यय
सृष्टि प्रिये नीर...तुम्हारी जय जय ॥

****

उलझन

इस बड़े से शहर में
मेरा... एक छो...टा सा घर.....
रौशन-दान से झलकती
सुबह कि पहली किरण
कोयल, कबुतर, गिलहरी और मैनें कि
आपा - धापी में
खिल - खिलाता मेरा आंगन

इस बीच...
लोहे के पिंजड़े में कैद
वो मेरे...प्यारे से मिठ्ठु कि...
पैरों कि बेड़ियां....
खन...खन... खन....
तो क्या इस बारे में...
मुझे...और....कुछ कहना चाहिए...
या फिर....जिंदगी ...जैसी है
बस ....उस ही तरह रहनी चाहिए...?

तकीये से जंग में किताबें थक हार...
सोफे पे बिखरे वो बासी अखबार...
बेढ़ंग तरीके से रखखी...

वो मेरे मोजे और चप्पल
कुर्सी से लटकती
वो मेरे अधगीले टॉवल
कुवारें ख्वाबों के खुन से लथ-पथ
भीगा हुआ ये फर्श
और... मेरे जहन में चलते ...
जरुरत और चाहत के
बीच का संघर्ष...
तो क्या इस बारे में...
मुझे... और कुछ ...कहना चाहिए...
या फिर...जिंदगी जैसी है
बस ...उस ही तरह...रहनी चाहिऐ.....?

बगावत के शोर में... कोई जोर कयुँ नही ?
इबादत कि ओर में...
कोई डोर... कयुँ नही ?
बस... यही सोचते सोचते
एक और सुरज ...आज ढ़ल जाएगा....
कुछ पाने... और... बहुत कुछ
खोने कि सिलसिला
एक और चाँद......फिर... गल जाएगा....
अभी तो ....
अपने आप से नजर मिलाना
एक....दिक्कत सी बन चुकी

अभी तो....जरूरत के हाथो
हर रोज जख्मी होना....
एक...आदत सी बन चुकी...
तो क्या इस-से आगे....
मुझे... और कुछ कहना चाहिए....
या फिर... जिंदगी... जैसी है
बस...उसही तरह... रहनी चाहिए...?

तकलीफ ये नही
के कोई...दिख नही पाया....
बलकी... अफसोस ये है...
कि " मैं " ... खुद पे...
चीख नही पाया... ।
तो....
आखिर चुप रहें...
तो रहे फिर कब तक ?
आखिर छुप रहें ...
तो रहें फिर कब तक ?

ऐसे...हर शाम ...तो रोना ही है...
कहते हैं...
जब जागोगे तुम... तभी सवेरा
वरना...इस जिश्म को तो....हाय
सोना ही है....
क्या इससे आगे....

मुझे... और कुछ...कहना चाहीए...
या फिर...जिंदगी... जैसी है
बस उसी तरह ...रहनी चाहीए...?

शायद मुझे इंतजार है
वो सही अवसर... या फिर ...
वो सही वक्त का...
जब मैं...
चौखट के उस पार... कि दुनिया से
सारे रिश्ते तोड़
अपने आप में... खो जाउंगा...
और... एक आरजु को गले लगाकर...
चैन से... सो..... जाउंगा.....

तमन्ना है...कि
जब वक्त के शीशे में...
मैं...खुदको लिपटा पाउं।।
तब...दुनिया को...
" मुझे "... नजर आना चाहीए...
भले असर ना सही...
पर...एक कसर...जरुर...
नजर आना चाहीए।
तो क्या ..इससे आगे....
मुझे और ...कुछ कहना चाहीए...
या फिर ...जिंदगी... जैसी है...
बस ...उसी तरह रहनी चाहीए...?

आजाद होकर
परिंदा एक दिन
गर... शुक्रिया कह कर...
वो... उड़ जाए...
तो पिंजरे में कैद
होने को वापस
दुबारा खुद-से...
वो...फिर ना आए
वो...लौट के वापस
कभी ना आए..... ।

****

लापाता

कड़कती धुप के आगोश में
कुछ उबलते रेत के किले
उस किले के हर ... एक घर में
मैं ...तेरी आहट को सुनता हुँ
मैं आज भी मुझमें बस...
तुझे ढूंढ़ता हुँ।

तपती बदन और तेज बुखार
तंग किस्मत या मंद बाजार
सुखे ... गिले सिकवे की खरोंच
बस तेरी प्यास दीलायें
मैं आज भी... इस "प्यास" कि
वजह को ढूंढ़ता हुँ
मैं आज भी मुझमें बस...
तुझे ढूंढ़ता हुँ।

नक्काशीयों भरी दो टाट सी पलकें
और आँखों का अंधेर
ख्वाहिशें मकसुद मगर
काजल से मुठभेड़ ...
में अंधेरे से जुझती इस बे-नुर सी

दुनिया में एक "चिराग" तो ढूंढ़ता हुँ
मैं आज भी मुझमें बस...
तुझे ढूंढ़ता हुँ।

शंगे-मरमर से बनी
ये सफेद काले गुमबज
ये रौशनदान ये हमाम
अदबो इंतजाम तमाम

इसी महल की... फिसलन भरी फर्श में
मैं ...कोई एक "सुराख" के ढूंढ़ता हुँ
मैं आज भी मुझमें बस...
तुझे ही ढूंढ़ता हुँ।

रंगो भरी ये दुलहन सी दुनियां
फुल पत्ते कलियां ये मौशम
बादल बिजली बरसात और शबनम
इन्ही रंगो की ... हर रेशे में
कहीं सोया हुआ " मैं "...
मेरे " सुहाग " को ढुँढता हुँ।
मैं आज भी मुझमें बस...
तुझे ढूंढ़ता हुँ।

ध्वनी और स्वरों से भरी
ये पुकारों कि बस्ती
चिड़िया चहकती पत्तीयां बिखरती
बादल गरजती और वक्त...
वक्त सरकती।

इन्ही शोर शराबों के बीच
कहीं दबा हुआ " मैं " ... चुप्पी से...
आज भी...
एक " आवाज " ... को ढूंढ़ता हुँ।
मैं आज भी मुझमें बस...
तुझे ढूंढ़ता हुँ।

ये तुझे ढुढने का सिलसिला
रिश्तों के ताने-बाने में
कभी यादों के तयखाने में
तो कभी भद्दे...उसुलों के
कब्र-खाने में...
मैं आज भी ...इन आंखों से छलकती
रेगंती... शराबों के धारे में
वो " नशे " को ढूंढ़ता हुँ।
मैं आज भी मुझमें बस...
तुझे ढूंढ़ता हुँ....... ।

****

पिंजर

साहिल को क्या पता
समंदर की गहराई...
सूरज को क्या पता
ब्रह्मांड की ऊँचाई...
हथेली से लिपटे
इन... लकीरों की उलझन
खुब सताये...
वो...मेरा खोया, बचपन।

हौसलों की शिकस्त
किस्मत के आगे
अरमान भी बेहद
धीमे भागे
दिल और दिमाग के....ये....
अजीब से फेरे
दिखने में पास....पर...
आड़े टेढ़े।

पिंजरे के उसपार
वो नीला आसमा...
उम्मीद अनगिनत

पर...राहे अंजान...
असहाय परिंदे की
हर इच्छा लाचार
मजबुत दो पंख...पर...
बेबस बेकार।

लोहे की निर्जीव
नाजुक से पिंजर
दफन है लाखो
दर्द सिकंदर
एहसान अनकही
कैद में सपने
हमदर्द हजार...पर...
वही क्या "अपने" ?

पहरेदारी कुछ
शिकवे की कमबख्त
चंचल यौवन
अब करे ना हरकत
तनहा जीवन
और...रहा ना जाए
वक्त के कांटे...हाय...
खूब रुलाये।

दाने पर फिसला
बस गुनाह था मेरा
भुख की साजिश़... और...
ये...चोट था गहरा
मन-मोहक होंठ
पर...शोर नही है
थिरकती पैर
अब...जोर नही है।

आदत से मजबुर
कुछ इंसानी चेहरा
कोरे बदन...पर...
शौक का सेहरा
मुखौटा टांगे ये
खंजर साधे
जिस्म तो छोड़ो...ये
रुह भी बांधे।

हसना, बोलना...
इशारों पे चलना
एक जिल्लत...
जेहन में जागे
आम नही...मगर
जानी- पहचानी
एक...आदत...
सा कुछ लागे।

खुन के बंधन
कुछ मेरा भी था
धक-धक धड़कन
कुछ मेरा भी था
मगर...नाकामयाब प्रयासों की
अर्थी के संग
डोली उठ्ठी...
हर...मौसम के रंग।

नामंजूर दरख्वास्त की
हर एक फसाना
बड़ी हवेली या मेरा ठिकाना।

इंसानी दरिंदगी की
आंकड़े तमाम
हर-रोज वसुले
कई गुना लगान।

सलाखों के उस पार की
दुनिया सुंदर
बे-वजह के बवंडर
शायद...वहां नही है...
आजादी के सब
जश्न मनाते
सैलाब समंदर...शायद
वहां नही है।

एहसानो के मोहताज
कभी हम ना थे...
मगर आज...किस्तों में जीना
सीख लिए है
जहर को लजीजपकवान समझकर
घुट-घुट में पीना
अब...सीख लिए हैं।

हाय रे पिंजर...
क्या स्वांग रचाए
मजबुर सभी अफसानों का
जुर्म के हर अंदाज में ठहरे
हुकुमत के पैमाने का ॥

****

धुंए का आसमान

हर रोज़ की तरह...मैं..
मेरे घर की उपर वाली
बालकोनी में बैठी...कर रही थी
उनके आने का इंतजार...
थोड़ी ही दूर... नुक्कड़ के पास
वो चाय की दुकान
घड़ी की सुई...तब ठीक पौने नौ...
मेरी टेबल, कुर्सी कापी और किताब
ज्यों के त्यों...
बेचैन से दिल अब...बेबस...लाचार।

ऑफिस जाने वाली बस आने के...ठीक...
पाँच या सात मिनट पहले
उनका आना...
और अपने ही अंदाज में कहना...
' भैया..."
" एक कटिंग और गोल्ड फ्लेक छोटा "
सुबह की नरम धूप...
मुझको लगने लगी... हाय...
मीठा मीठा ।

" निशांत " नाम है उनका
और...मैं...
मैं... " अंतरा "
दोनों के बीच...थोड़ी
बादलों का जमावड़ा।

वो मेरी दोस्त
साक्षी के बड़े भैया...
कामकाजी, परिश्रमी
और मैं...
घर कि...एकलौती लाडो
मस्त पवन सी पीली सरसो
सपनों में खोयी...
शायद...हा...सत्रह वर्षों।

बिस्तर में यूँ पड़ी पड़ी...या
उँट की तरह खड़ी खड़ी
बेसुध ये दीवार घड़ी
बोलें होश संभाल
ना उमर बड़ी।

लेकिन...मैं...फिर भी...
लट्टू जैसे लुढ़क के सोती
इमली...निबूं चट कर जाती
चुलबुल चहकती
मधुबन महकती
ऐसी ही मैं बढ़ती जाती।

साक्षी ही के घर में... हुई थी
हमारी पहली मुलाकात
पहली दफा... जब, नज़र मिली...
तो...ना थी...
कोई...ऐसी वैसी बात।

बिलकुल साधारण सा दिखने वाला
एक ठीक ठाक सा लड़का
मेरे सपनों के सौदागर...कितने सारे
और कहां...
ये बीहड़ गाँव का एक
देशी चरखा...।

मगर...
अल्हड़ उनके होठों ने...हाय...
कुछ ऐसी बातें कर दी
पल दो पल में तो फिर मुझमें
एक...चिंगारी सी भर दी।

जंजीरे तोड़....
वो उड़ चला था
मंजिल की ओर...
वो बढ़ चला था
संघर्ष...सपने...
उड़ेल वो अनाड़ी
लफ्जों से मेरी
खींच ली सारी।

मजबूर...विवश...
कोई कटी पतंग के माफिक...
नगमों में जैसे...
खो गई मैं
दीवानी उनके...
हो गई मैं।
बदन से भीनी...
खुश्बु आती
बिन बोले वो...
सब कह जाती।

उनका...आहिस्ते से गरम चाय का
कुल्हड़ कोपकड़ना... और...
सिगरेट जलाना...
रोज़मर्रा की बहुत
आम सी दिखनेवाली तस्वीर
समझो तो बस... कुछ भी नहीं
लेकिन...अंदर जैसे...
सब कुछ अस्थिर।

उनके हाथों की गर्माहट भरी
वो टूटी हुई...चाय की कुल्हड़...
क्या इधर...मेरी...
जन्नत की ज़मीन बना रही ?
या फिर...

उनके होठों को छु कर गुजरती
वो सिगरेट के छल्ले
क्या ऊपर...मेरी...
धुएं का आसमान सजा रही...?

वो अंतरिक्ष का खुला आयाम
और मैं...एक आवारा बादल
वो बेपरवाह बलखाये मौसम
और मैं...बिन बोले
सीने की हलचल।

उनके बिस्त।र को मैं अकेले
बड़ी...कैफियत सो चाहा
दिल के हर एक दर्द को बेहद
मासुमियत से सहा।

ये फासले सारे घट जायेंगे
मगर...दो पंख हो तो अच्छा
रात के साये छट जायेंगे...मगर...
सितारे...असंख्य हो तो अच्छा।

हाय...मुझको तो हैं...
गिरफतारी की चाहत
मगर...क्या आजाद आसमां को भी
एक...पंछी ती जरुरत ?

ये दिल मेरी...एक ना सुने
दिमाग विपरीत...आशंकाए जताएं
क्या करूं कुछ समझ ना आए
देखे... राहे... किधर ले जाए...?

बीप... बीप... बीप...

देखो, उनकी बस आ गई
फिर से...चौबीस घंटे की देरी
एक लड़की भला कैसे कह दे
मासूम...दिल की हेरा– फेरी?

****

प्रीत की परिभाषा

कल्मषमन से
अंतर कुंठित
चित्त चिरंतन
शाश्र्वत संबित
बरबस जीवन
प्रीत कहीं ना
ढुंढा जग में...तो
मन...मीत कहीं ना।

हाड़ मांस का
एक चलता फिरता
ये देह पिंड...बस
विभूषित बंधन
जरा ब्याधि में
हर-दम उलझा
वृझ मोह का
एक वितलित स्पंदन।

जैसे फुल और खुश्बु
ख्वाब और रात
सृष्टि प्रलय और

संबंध जज्बात
वैसे ही...
स्त्री और पुरुष
एक धागे का सिरा
बिछड़े ना दोना
सहे संग पीड़ा।

प्रीत मीरा की
अमर है जग में
यादों की सूती
धुन रंगोली
रंगरेज हुई वो
तन मन वारी
श्याम रंग से...जब
खेली होली।

स्वीकारों मे ही
स्वाद छुपा है
पहचान सके तो
ये अमृत प्याला
घोल जहर का
वो गट-गट पी...ले
हरि नाम में
हो जो मतवाला।

प्रेम भक्ति है
प्रेम शक्ति है
प्रेम पीयूष में
मुक्ति द्वार
सच्चे मन से
एक नाम तु जपले
गोविंद में जग
गीता सार।

पावन प्रेम की
लहरों में चंचल
साज़ मिलन की
छम छम छम
अलग-अलग दिल
साथ में धड़के
पृथक शरीर...पर...
एक धड़कन ॥
****

याद पिया की, खूब सताए

सुर्ख सुनेहरी
कांची कंगन
कंचन जेवर
अरमान रेशम
बिन तेरे जीवन
रास ना आये
याद पिया की
खूब सताए।

दीवार पर टंगी हुई
कुछ तस्वीरे
केसरिया मौसम
पर... हाय तकदीरें
अश्कों की दरिया
प्यास बुझाए
याद पिया की
खूब सताए।

सुबह की मीठी
धुप और शबनम
सिकुड़ गई जो

मखमल से सावन
रुके हुए
एक नहर किनारे
खड़े रह गए...बस
एहसास तुम्हारे
लहरों से कस्ती
अब न टकराए
याद पिया की
खूब सताए।

मेरे...अरस निगाहें
अब भी हर-पल
ढूंढे तुझे
परछाई में
यहीं कहीं हो
ये जानू हम-दम
तुम... आहट में
अंगड़ाई में।

मन की मुठभेड़,
आग जलाये
तनहा ये दिल
शोर मचाए
विरान अंधेरी
रात में सुलगती

उम्मीद की अंगीठी
धुआ उड़ाये
याद पिया की
खूब सताए।

मेरे हाथ को थामे
वो तेरा चलना
जरा ठहर फिर
पीछे मुड़ना
शरारत कुछ कुछ
बीच-बीच में
नजाकत कुछ कुछ
बीच बीच में।

मरहम को भी
वक्त चाहिए
ज़ख्म को भरने
समय लगेगा
रुका नही है
अब भी सांसे...पर...
तबियत सुधरने
समय लगेगा
तेरी गिलहरी बातें
बंदूक चलाए
याद पिया की
खूब सताए।

ये कहानी बेशक
खास नहीं हैं
बस...हम-दम मेरे
पास नहीं हैं
जीने की फिरसे
वजह तलाशु
पर...सबुत हैं क्या
कुछ आश नहीं हैं ?
एक जहर जो सीने
उतर चुका है
क्या इसका कोई
इलाज नहीं है ?
दवा दुआ अब
काम ना आये
याद पिया की
खूब सताए।

कोरे कागज़ पे
वो रुक-रूक चलना
शराब सी बनकर
मेरे गले उतरना
सियाही की बुंदे
छलक के बोली
बिन तेरे अब ना

खेलुं होली
जुल्फो के बादल
अब ना उलझाए
याद पिया की
खूब सताए।

कर्ज़ तुम्हारा
इस कांच सी दिल में
खुशबू सी बन
सदा ही महकी
अंदाज़ तुम्हारा
एक आंच सी बन कर
अंगार सी तन पे
सदा ही दहकी
बर्फ की सिल्ली
बदन से लिपटी
लाखो फिर भी
निशान यहां पे
मौजुद यहां...सब
संबंध साथी
पर...फिर भी जीवन
मशान यहां पे
नींदों में जुगनू...फिर खो जाए
फरियाद पिया की
खूब सताए।
****

हिमालय

धवल गिरि-शंग
धव्जा दिखाए
शक्ति भक्ति प्रेम
जंग के मार्ग
कौन मुनि तुम...
बस ये बतला दो
अगस्त विशाल या
राजन अधिराज ?

अधिपति तुम या
कोई हुकुमत
प्रहरी या फिर
गहरे राज़
कठोर शख्सियत
हमे ये बतलाए
तुम भटनागर
तुम-ही ऩटराज।

ह्दय कुंड से
ध्वनित हुआ जब
दीन-हीन सब

कंचन राग
लोलुप सी जवाला...
ललक के बोली
देख...खड़ा मैं...
अस्तित्व प्रताप।

मौन सदा तुम
पूज्य सरोवर
निष्प्राण अवयव
योगी श्रीधर
उपजाऊ जंगल
पद चिन्ह विशाल
कभी गोवर्धन
कभी जंजाल।

जटा कमंडल
असीम-ओ-वैभव
तुम ही हो अशिमत
स्वर्ग के द्वार
कृपा सिन्धु तुम
जग - दुख - हर्ता
तुम ही हो स्वामी
तुम ही जय–कार।

अचल अमर तुम
देवक सृष्टि
आशीष सनातन
भागवत दृष्टि
हर – प्रिये तुम
पालनहार
तुम ही विनायक
तुम ही संसार।

चंद्र – भानु से
मुकुट तुम्हारा
प्रबुध पदार्थ सी
भाती है
तनुष तदारुक –
निर्जर – निर्गुण
ना गोत्र तुम्हारा
जाति है।

सफेद सी चादर
तुषार मनोहर
अनंत शय्या में
तुम विकराल
अनेको धारा
गंगा यमुना
भव – सागर के
तुम प्रतिपाल।

युगों-युगों से
तुम अविनाशी
दोज़ख़ दुर्गम
तुम प्रतिदान
नीलकंठ से
मोक्ष तुम्हारा
हिमाद्री हिमालय
तुम्हे प्रणाम।।

****

लानत है...

भाईयों और बहनो
दो रुपये में चावल दाल
अर्थव्यवस्था मालामाल
देश और दुनिया बढ़िया हाल
दुजा न कोई, और सवाल।

लोकतंत्र ये देश हमारा
संग में जीना मरना है
भ्रष्टाचार का चीर के सीना
सब का साथ निभाना है।

ऐसे तो ना मिली आजादी
ना जाने... कितने ही
कुर्बान हुए
समर शंख को फुंक के " केशव "
इसी मिट्टी में
भगवान हुए।

मंत्री जी ने ये " आलाप " जो छेड़ा
तो... तालियों की बरसात हुई
जनता जनार्दन शीष झुका कर
फिर से उनके " साथ " हुई।

गांव देहात से, ट्रक बस भर के
आए यहां पर कितने लोग
लटक पटक के, उधम मचाते
कतार में मांगे... माखन भोग।

मन ही मन
मंत्री मुस्काए
ध्यान से हलवा
पुरी खाए
भेड़ बकरीयों से और कया कहना
बीवी का तो...लेना है गहना।

पढ़ लिख जनता, हजार सवाल
घोड़े की क्यों टेढ़ी चाल ?
बाल कि फिर, उधड़ेगी खाल
पुरा बवाल भाई पुरा बवाल।

जानवर होता तो, कोई बात ना था
बांध के रखते, एक खुटे से
ज्यादा किया तो एक... रपट लागाते
औकात दिखाते...इस...अंगुठे से।

स्कूल में खाना मिल तो रहा है
और पाठ्यक्रम की विषय, ना छेड़ो
अंडा भुजिया, दाल और सबजी
मजे लो भैया, पकवान हैं ढेरो।

सड़क किनारे बे-घर भिखारी
कौन करे भाई पहरेदारी
वोट समय पर...गर दे पाता
जीने का फिर अधिकार कमाता।

चंद पैसों में आज
ईमान बिका है
ज़मीन तो छोड़ो
पूरा आसमान बिका है
जमीर की तुम बात कह रहे
भिक्षा में आज
"विद्वान " टीका है।

क्या...इनसे हमारा देश बढ़ेगा
और...विश्व भर में नाम करेगा
जब...प्रजातंत्र हो छैया-छैया
तब... ठेंगा दिखाके कहो रे भईया
लानत है...
लानत है...

जब... सोच...
स्वार्थ के...अंग बन जाए
तब...उस सोच पर हमें....
लानत है।

जब सियासत...
व्यापारियों के...जंग बन जाए
तब उस सियासत पर हमें...
लानत है।

जब विचार...
नजरानों कि...शिकंज में कस जाए
तब उस विचार पर हमें...
लानत है।

जब उजाला...
अंधेरे कि...प्रपंच में फस जाए
तब उस रौशनी पर हमें...
लानत है।

ये दोष...हमारा खुद का है...

गर हम...अपनी गिरेबान में
झाक नही सकते
तो...अपनी जिम्मेदारी से
भाग भी...नही सकते।

मगर...मजबुरी कुछ
ऐसी भी नही के..
कुछ कह नही सकते, और
कुछ लिख नही सकते.

इस लिए...और एक बार...
लानत है...।
लानत है...।
****

नदी हैं हम, हमें बहना होगा

सर्द हवाएं
तुफानी मौसम
पर्वत ही पर्वत
घंघोर नजारा
बर्फ की भीनी
चादर ओढ़े
ध्यान मग्न ये
जीवन सारा।

इसी सतह को
छु कर गुजरती
बुँद बुँद से
कितने धार
एकत्रीत हो
ये...उछले मचले
साजन से मिलने
दरिया पार।

चंचलता की
सूक्ष्म रुप में
नदी है सृष्टि

सुख संभार
इनके...दोनो किनारे
बसते जीवन
गांव शहर और
सुख दुख प्यार।

पिया समन्दर
पास बुलाए
ख्वाबों के जेवर
मोती हार
नजराने सोच वो
हुई बावरी
क्या ये मोहब्बत
पहली बार?

ऊंचाई में अब
और ना रहना...
बंधन को तोड़
उसे है बहना...
पथ्थर सी पायल
नागीन चाल
पवन स्पर्श से
कांपे तन मन
लहर सी दिल पे
उठी सवाल।

जकड़ ना पाए
कोई बेड़ी कंगन
रेत की फर्श या
उलझे बाल
बर्फ की घुंघरु
फिसल के राहें
चली चली मैं
खुद....ससुराल।

दिशा का मुझको ज्ञान नहीं है
नाचती गाती बस...
बहती जाऊं
रिश्ते नाते सारे
दर्द को भुल
क़रीब मैं सागर
होती जाऊँ।

बंजर तट में
छम-छम करती
समंदर तुम्हारे
नजदीक मैं आया
मिलो चला हुँ, पर
थका नही मैं
कुछ " मीठा " पानी
साथ में लाया।

और देखो मैं

क्या कुछ...लाई

धरती की दीमक

नौ-लखा हार

रास्ते की अनुभव और

कुछ... " अपनी बातें "

कहनी है तुमसे

अबकी बार..

जानती हुँ...कि...

मेरे जैसे ढ़ेरो नदिया

दर पर तुम्हारे...

दरख्वास्त लगाते

पर...किया इंतेजार

मैनें भी बहुत...

काश...कुछ वक्त के लिए ही सही

मगर...समंदर...

अगर तुम...बस मेरे होते...

शिकायत करते

मेरे दोनों किनारे

आपस में जो कभी

मिल ना पायें

सिसकियाँ लेती... शायद

बद्दुआ ये देती

तड़प रहे हैं... पर
मौत ना आए।

एहसानों के सारे
हदो को भुल
नदी है हम
हमें बहना होगा
जगत कि तृष्णा
निवारण हेतु
नमक भी हंसकर
पीना होगा।

परिश्रम सारे आज
व्यर्थ लगे हैं
" तुम... बस मेरे हो "
ये कभी हम... कह ना पाए
सौतनों के साथ
ये सुखी ससुराल
दुशमन भी ऐसी
तकदीर न पाये।

धूप बारिश सारी
बिखर चुकी है
मौसम की अल्फ़ाज़ें
आज तुम्हें मुबारक...

जिंदा हैं हम,
बस ये एहसास है बाकी
समंदर सा सनम
आज तुम्हें मुबारक...

****

सवालों की हथकड़ियां

क्यों सवालों की हथकड़ियां
बांधे मुझको...और...
जवाबो के आरज़ू... तड़पाएं
रेत कि फर्श पे किरदार कोई क्यों
फिर से... मशहुर हो जाए ?

जो बिन बोले
सब कुछ कह गया
और...खुशी खुशी सारे
तकलिफ सह गया
वो " दोस्त "... क्यों अब...मेरे
पास नही है... ?

और वो सब "खास "...
जिन्हे...दिल से मैंनें गले लगाया
क्यों उनको... ये
एहसास नही है...

की...मेरा भी कोई
वजुद है...
मेरे भी सपने...
" मरे " नही है

सपने आखिर...

सच होते क्या

फिर भी...इतने भी ये

" बुरे " नही है।

रिश्तों की खटास

मुहं में लिये

जो बिल्कुल मेरे

नजदीक खड़े हैं

वो " अपने "... दिल से...

क्यों अब " जुड़े " नही है ?

सोंचु...मुट्ठी बंद करके

पुरी कर लु...सारी ख्वाहिशें...

मगर बाद में सोंचु

ये ख्वाहिशें ही...दर-असल

जड़ है...सारे गमों के।

सोंचु...वो जो गलतियां...

हो गई थी मुझसे...अंजाने में,

मिटा दुँ उसे " आज "

कोई रबड़ से...

और...

कोई एक कटी पतंग पे

नई उमंग से...

लहर तरंग से...
लिख दुँ " नाम " किसी के।

हजारो ऐसे ही सवाल
आज भी " जिन्दा "...
जिनका जवाब... मुझको चाहिए
कौन अपना है और कौन पराया
उनका पहचान...मुझको चाहिए।

तुम ही तो हो...एक दर्द जिगर का
तुम ही से हसना रोना
तुमको फिर मैं कैसे भुला दुँ
करके रोज बहाना ?

ऐसे ही...सवाल तो काफी हैं...
मगर जवाब...
जवाब...हैं कम
जिंदगी तुमने...
दिए...बहुत कुछ
पर सताए क्यों ये गम...

वही गमों को लेकर अक्सर
खोया रहता हुँ
झील किनारे सांझ सवेरे
सोया रहता हुँ।

सलाखों के पीछे...से मैनें...
वक्त को जाते देखा,
किस्मत में जकड़े...जिन्दगी को....
घुंट घुंट के रोते देखा।

मगर...
मेहरबानी उन सब जवाबों के लिए
जिसने...हमे
हंसने का कुछ अवसर...दिया...

भरी दोपहरी में
एक शाम सा आंचल और...
ठंडे पवन के झोके...
या फिर...
ठहरे हुए दहलीज पे मेरे
अचानक से कुछ मौके...

जिन्दगी तेरे
एहसान-मंद है हम
लहरे तो काफी
आई...ओर गई...मगर...
हौले-हौले से
पीने की चक्कर में...
जिन्दगी...तुमको
जिए बहुत हैं कम।

अजीब है ये जिन्दगी...

जैसे ही सोचुं...कि दरिया में
कश्ती...थोड़ी सी सम्भल चुकी है
वैसे ही...

नायाब से कुछ अफसानों ने...
शरीर पे दे दस्तक
नए चुनौती नई चेतावनी
फिर से ...करे हुकुमत।

जिन्दगी को मैने...
एक सागर सा पाया
जिसमे चमक भी है
और नमक भी...
लहर भी है और
जहर भी
मजा भी है और
मलाल भी
जवाब भी है और
सवाल भी।

सवाल और जवाबों के बीच
ये उलझन...
तो काफी...है
जन्म लिए तो जीना पड़ेगा...

इस जीवन में मगर...

जख्म...

काफी... है... ।

****

बिन पते का एक बंद लिफ़ाफ़ा

बिन पते का एक बंद लिफ़ाफ़ा
ना जाने क्यों ये तेरी ओर
सुबह से लेकर शाम दोपहरी
चीखे और मचाए शोर ?

झोली थैला सर्ट का पाकेट
हरकत सारे झेले क्यों
जीते जी खामोश सा टहले
किस्मत से युं खेले क्यों ?

खो गए क्या
सपनों के चादर
पलकों के पीछे
धीरे धीरे...
या...बिछड़ गए
रिश्तो के रेशे
अरमान रेशम
शाम सुनहरे ?

रातो के साए चांद सितारे
बादल बिजली टीम टीम टीम
कैदी लमहें चाहत जुगनु
सांसो की शबनम गिन गिन गिन ।

हाल तबियत
क्या ठीक तो हो तुम
शायद यही अंगड़ाई में
पुछ रही है
दुर से प्रीतम
छुपे तेरी परछाई में।

दुआ सलाम में खेल खिलौना
गुड्डे गुड़िया जज्बातों ने
आवाज लगाई यादों के घुंघरु
गिलहरी उन सब बातों में।

कांच कि चुड़ियां
वो लहंगा चोली
वो खेत कि फसलें...घायल सी
टोकरी में अटकी
वो बुँदे छम- छम
वो दर्पण सावन...पायल सी।

वो अलहड़ आंचल
वो लाल सा धागा
सीने कि हर एहसासों ने
गुहार लगाई वो तेज सी आंधी
सब मौसम के अलफाजों से...

ऐ लिफाफा...

होठों के पास
जो मुस्कान पड़ा है
क्या वही तेरी तिजोरी में
या फिर...एक बेबाक समंदर
और शैतानी खंजर
कुछ धुल पड़ा क्या
यादों में ?

अनकही इन सब सवालों कि
एक गुब्बारे बन तुम
घुम रही हो
पुछ रही है मेरी बेबस आंखे

आखिर किसे भला तुम
ढुंढ रही हो... ?
आखिर किसे भला तुम
ढुंढ रही हो... ?

****

इत्तेफ़ाक से.....

इत्तेफाक से...

महफिल में महबूब,
मुलाकात दोबारा
कई बरस के बाद...
बीते दिनों कि सेज सजाकर
उमड़ पड़ी जज्बात।

वो सावन का महीना
वो दिल का लेना-देना
वो तेज मचलती आंधी
जिसमे छुपी थी सब बर्बादी
वो रिमझिम बरसती बूंदे
अरमां जो आंखे ना मुंदें
वो घुंघराले काले बादल
वो तेरी फुल सी कोमल आंचल
वो भीगा-भीगा शाम
जहां, सब कुछ, " था " तेरे नाम।

आज...
चिराग तो नहीं, बस...
एक चिंगारी, सी रह गई
लुटे हुए ज़मीन की बस...
ज़िम्मेदारी, ही... रह गई।

यादों कि रंग मंच
हर-रोज रात में
एक टीस सी बनकर
तकलीफ दे जाए।
वो बचकानी बातें
कुछ चीख सी बनकर
दहलीज पे मेरे
फिर सो जाए।

हौसला जो था, वो
हसरतों में बदल गया
फासले दरमियां अचानक
फुरसतों में बदल गया।

नुसरतों की शोहबत
पर...कुछ एहसास, आज भी, बाकी हैं
तमन्नाओं की तवक्को में,
कुछ अल्फ़ाज़, आज, बाकी हैं।

दिल की दुकान में रखी
कुछ समान, अब भी, बिका नहीं
मोहब्बत की मकान में रख्खी
कुछ अरमान, आज भी, लिखा नहीं।

गहरे कुछ नाख़ूनों के
निशान, आज भी, बाकी हैं
पलको से हर-रोज़ छलकती
तेरे एहसान, आज भी, बाकी हैं।

जिन्दा हैं बस
जी रहे हैं
धागों से चादर
सी रहें हैं
रिश्तों से राबता
खो चुका हैं
सपनो से समझोता... अब
हो चुका है।

तसव्वुर का तमाशा,
तस्कीन से देखा
मुकद्दर की तसल्ली
बस आंखों का धोखा।

ये घुटन और ये दुरी,
कुछ हालातों की मजबूरी
बेबुनियाद सारे किस्से
कुछ तेरे मेरे हिस्से...

इस...दिल के सौदेबाजी का ठीक...
वजह को कहना मुश्किल
गर्दिश में बिखरी
कुछ ग्रहों कि आखिर
रजा को कहना मुश्किल।

मोहब्बत...
एक अनसुलझी पहेली...या फिर..
अश्कों कि रंगोली
ये जुनुन और ये नशा
जितना चढ़े...उतना ही मजा
मोहब्बत...
नशीबों का एक खेल...
मिले तो '" पास "
वरना… " फेल "....।

****

तितली रानी

तितली रानी तितली रानी
कहा थे इतने दिन
काटी मैने रतिया सारी
तारे गिन गिन गिन।

सुबह की धूप
जब टिम टिम जलती
बरिस की बूंदे
जब छम - छम गाती
खेतों की फसलें
जब तुम्हें बुलाई
झरने नादिया
संगीत सुनाई।

सुनहरी पवन, और
गाँव की चिड़िया
बंसी बजाई
जब किशन कन्हैया
हसीं के चुलबुले
मोतियां झर-झर
तितली रानी... तुम
रुप मनोहर।

जुगनू ये सारे
यार तुम्हारे
गुन गुन करती
ये भवरें प्यारे
तितली रानी कुछ
काम था तुमसे
मिलोगी क्या तुम
नींद में मुझ से।

गाँव से गुजरती
ये पक्की सड़के
ना जाने क्यों ये
सोच रही हैं
पवन दिवानी
शाम सुहानी
पता तुम्हारा
पुछ रही हैं।

रूठो ना हमसे
तुम ऐसे करके
बाते कर लो
जरा जी भरके...

कोई भूल अगर हो
माफ कर देना
तुम्हारी जैसी
ना दोस्त गवाना
उमर हमारी
कच्ची-कच्ची
तितली तुम प्यारी
सच्ची मुच्ची..... ।

****

दिल का झरोखा

जिंदगी के, कुछ पन्नो को
जब उलट के मैंने देखा
प्रतिकूल कुछ हालात मिल गए
और झगड़ती किस्मत रेखा।

शहादत कि अर्श में, पड़े हुए
कुछ सवाल को रोते देखा
हकीकत कि फर्श पे, मरे हुए
कुछ जवाब को सोते देखा।

विरान गलियों कि अँधेरे में विस्तृत
कुछ परछाइ-यों को देखा
सुनसान रातों कि ख्वाबों में निद्रित
कुछ शहनाई-यों को देखा।

साजो श्रृंगार से सजी वो दुल्हन
मुखौटा टांगे
जो राज़ छुपाएं...
बंद केवाड़ी हर साज को छेड़े

आवाज चुभन की...
वो किसे बताए ?

याद नहीं कौन किधर से आकर
डंक उतार, फिर, चल गए
शहद निचोड़ कुछ गीत सुनाकर
जैसे...
गर्म तेल...हम...तले गए।

छल-कपट से भरी ये दुनिया
विश्वास करे, पर किसे, बताओ
दिल के करीब, जो था कुछ वक्त तक
वो कहां है सब...
जरा ढुंढ के लाओ।

बिन मतलब ना कोई लोग यहां पर
सबके अलग-अलग, किस्से हैं
पहचान में भूल, तो होना लाज़िम
आख़िर... हम भी... तो...
उन्हीं के हिस्से हैं।

उमर से कच्ची ये शहर वादियां
कब्र में लाखो सपने
ख्वाहिश खिलौने, लहर लोरियां
इस..., जंग में ढूंढे अपने।

ज़रुरत कि पिजड़े में कैद
जब चुप...
जज्बातों के परिंदे
नमकीन यादों कि तंज में शामिल
जब अश्क भी हो शर्मिंदे...
तब...
रौशनदान से झलकती सूरज
फिर से ज़ोर लगायें
हवा में उड़ता बिखरा बादल
फिर से शोर मचायें।

नाराज़ निगाहें,
कुछ भूल जंहा पर
चल वहां तू...
जरा सोच समझ के ,
परखच्चे उड़ गए,
कुछ फुल जहां पर
मचल वहां तू...
जरा सोच समझ के...

इसलिए...
जब कुछ कड़वी यादें,
तिजोरी में सुरक्षित
उसे...
चैन से रहने....दो ना.

लहरें तो आएगी, और आती रहेगी...
तुम...नाव को बहने...दो ना
जो होगा...होने...दो ना।

धूप छाँव में
अब तुम मुझको...
जरा चैन से...
सोने...दो ना...।

****

www.ingramcontent.com/pod-product-compliance
Lightning Source LLC
LaVergne TN
LVHW061613070526
838199LV00078B/7266
* 9 7 8 9 3 6 4 5 2 7 2 5 5 *